教師のための社会性と情動の学習(SEL-8T)

Social and Emotional Learning of
8 Abilities for Teachers

人との豊かなかかわりを築く14のテーマ

小泉令三/山田洋平/大坪靖直 [著]

ミネルヴァ書房

はじめに

本書の目的

　「社会人に求められる力は何か」という問いに対して，ほとんどの調査で，コミュニケーション能力や他者とかかわる力が第1にあげられる。接客が業務の中心となるサービス業や営業職はすぐに納得できるが，それ以外の職業でも同僚や関係者などとの協議や調整が重要になっている。そこでは，各職業に求められる固有の能力以上に，チームや組織として仕事を進めていくことが日常化しているためであろう。

　学校に勤める教師はどうであろうか。まず目に浮かぶのは日々の教育活動の中での児童生徒とのコミュニケーション場面である。そして，近年は単独での教育活動だけでなく，学校でもチームを組んでの仕事が非常に増えている。相手は学校内の同僚教師にとどまらない。従来以上に，保護者や校区の地域住民等とも連携して教育活動を行う必要がでてきたのである。

　このように教師もコミュニケーション能力の重要性が高まり，そのための社会的能力を身に付けている必要がある。さらに昨今，教職に就く段階から即戦力を期待され，また経験が浅くても一定レベルの指導力をもっていることを求められる傾向が強い。こうした現状を踏まえ，本書は大学等で教師をめざしている学生や，教職に就いて間もない初任者あるいは若年教員が，教師に必要な社会的能力を身に付けられるようになることを目的とした。

本書の構成

　本書は，序章から終章までの16の章で構成されている。序章では，本書で取り上げた事項や説明した内容の基礎となる理論的な枠組みと，各章の内容の系統性について説明してある。"社会性と情動の学習"とは何かをおおまかに理解したうえで，続く各章を読んでいくのがよいだろう。第1章〜第14章は，特に順番があるわけではないので，興味や関心のある章から読み進めてもらってよい。終章は，文字どおりまとめにあたる章であり，また今後の取り組みへの思いも示してある。

本書の使い方

　本書は，教員養成段階の授業や学習のテキストとしてだけでなく，自学用にも使え

るように配慮してある。各章の理解を深めるために演習課題やクイズ形式の質問を設定してあるが，巻末に解答を示したのはそのためである。まず，本文をよく読んで，演習課題等に自分で取り組んでほしい。設定してあるロールプレイも，省略しないで試してみることが必要である。理解だけでなくスキルとして身に付けるためには，練習や試行が必要不可欠だからである。

　ちょうど，車の運転で例えれば，車が動く仕組みや運転方法を理解しても，自分で動かす練習をしなければ，実際の道路での運転はできないのと同じである。なお，実は少し練習や実際の運転を経験してみると，「こういうときは，どうしたらよいのか？」と当初は気づかなかった課題や疑問点にぶつかるときがある。そういうときに改めて，運転の規則が書かれている教則本や，車の使い方を示してある説明書を読むと，さらに理解が進み運転技術や車の操作法が向上する。

　すなわち，教職初任者や，あるいは教師となって日の浅い若年教師も，本書を手にしてみるとき，それまで目を留めていなかった有効な情報やスキル（技術，コツ）に気づくことができるであろう。そして，さらにそれを実際の指導場面や職場で活かしていくと，人とかかわる力を一歩向上させることができる。こうした小さな一歩の積み重ねが，教師としての社会的能力を高めていくのである。すでに教職に就いている者も，目に留まった章からでよいので，読み進めてもらいたい。こうして，児童生徒や同僚あるいは先輩教師，そして保護者や地域住民とのかかわり方を高めてもらえれば幸いである。

　なお，本書のプログラム内容は，JSPS 科研費　課題番号26380889「教職志望学生および若年教員の社会的能力向上のための学習プログラム開発」（2014〜2016年度：研究代表者　小泉令三）の助成によるところが大きい。

　最後になったが，本書の計画段階から完成に至るまでには，ミネルヴァ書房編集部の日和由希様に大変お世話になった。章構成などを含めて非常に有益な示唆をいただいた。ここに記して感謝したい。

2017年4月吉日

著者を代表して　小泉　令三

もくじ

はじめに

序章　社会性と情動の学習とは何か……………………………………………1
1　社会性と情動の学習……………………………………………………………1
学校の教師に求められるもの　1　　社会性と情動の学習とは　2　　情動への注目　3
2　教師に求められる社会的能力…………………………………………………3
SEL-8Tプログラムの利用　3　　5つの基礎的な社会的能力　5　　3つの応用的な社会的能力　6　　なぜ8つの社会的能力なのか？　6　　教師用（SEL-8T）と児童生徒用（SEL-8S）との関係　7　　SEL-8Tプログラムの内容　9　　教師の社会的能力の自己評価　10　　各章の内容　11

A　基本的生活習慣
第1章　あいさつ…………………………………………………………………17
1　あいさつとは…………………………………………………………………17
あいさつの意義　17　　あいさつの難しさ　18　　あいさつと環境　18
2　あいさつの習得過程…………………………………………………………19
モデリング　19　　機能的自律　20　　非言語的コミュニケーション　20　　二言あいさつ　21
3　子どもへのあいさつ…………………………………………………………22
"おかめ"のあいさつを自分から　22　　児童生徒理解の機会として　22　　"守備範囲"を振り返る　23
4　同僚教職員へのあいさつ……………………………………………………24
職場での二言あいさつ　24　　モデルとなる同僚探し　24
5　保護者や地域住民へのあいさつ……………………………………………25
コラム①：小中学生対象のSEL-8Sでの"あいさつ"　27

第2章　時間と金銭の管理………………………………………………………29
1　時間と金銭管理の重要性……………………………………………………29
時間管理の重要性　29　　金銭管理の重要性　30　　管理方法の個人差　30
2　教師としての時間管理………………………………………………………31

5年後を想像する　31　　時間管理のポイント　32
　③　教師としての金銭管理……………………………………………………………33
　　　将来を考える　33　　1か月の収入を把握する　34　　重要な項目を見極める　34
　　　クレジットカード払いに気をつける　35　　目的別に支出を管理する　36　　衝動買い
　　　をしない　36

　　　　コラム②：小中学生対象のSEL-8Sでの"時間と金銭の管理"　39

B　自己・他者への気づき，聞く
　第3章　自己理解……………………………………………………………………………41
　　①　自分を理解することの大切さ……………………………………………………41
　　　　自己実現　41　　自分らしさとアイデンティティー　42
　　②　自己に関する諸概念………………………………………………………………43
　　　　客体としての自己と主体としての自己　43　　20答法　44　　ジョハリの窓　44　　エ
　　　　ゴグラム　45
　　③　自己理解の発達……………………………………………………………………46
　　　　他者と比較した自己理解へ　46　　社会的比較　47
　　④　教師としての自分の長所と短所への気づき……………………………………47
　　　　ビデオで振り返る　47　　ウェアラブル・カメラを用いた自分目線の振り返り　48
　　⑤　教師としての課題の克服法………………………………………………………49
　　　　コラム③：小中学生対象のSEL-8Sでの"感情理解，自己理解"　51

　第4章　他者理解……………………………………………………………………………53
　　①　他者を理解することの大切さ……………………………………………………53
　　　　他者の感情や意図の理解の仕組み　53　　言語的コミュニケーションと非言語的コミュ
　　　　ニケーション　54　　自己開示の返報性の原理　55　　原因帰属と保留的態度　56
　　　　第一印象の変わりにくさ　57
　　②　児童生徒理解………………………………………………………………………58
　　　　共感的理解　58　　傾聴スキル　58　　事実と意見　59　　ベテラン教師や養護教諭へ
　　　　の相談　60　　保護者との連携　60

　　　　コラム④：小中学生対象のSEL-8Sでの"他者理解"　62

C 伝える

第5章　気持ちの伝達……………………………………………………………65

1 気持ちを伝える重要性……………………………………………………65
表現してはいけない気持ちはない　65　　やばい，むかつく，別に　66　　衝動的にならない　66

2 適切な言葉を用いた気持ちの伝え方……………………………………67
感情の発達　67　　適切な感情語彙の活用　69　　"私メッセージ"による伝え方　70
表情やしぐさでも気持ちを伝える　70　　子どもの気持ちを代弁する　70

3 落ち着いて気持ちを伝える………………………………………………71
自己感情のコントロール　71　　合理的な認知　72

　　　コラム⑤：小中学生対象のSEL-8Sでの"気持ちの伝達"　74

第6章　断り方と頼み方…………………………………………………………77

1 断ることの大切さ…………………………………………………………77
支え合う関係の大切さ　77　　ソーシャル・サポートとは　78　　サポートの依頼を断ることの大切さ　78

2 断り方のポイント…………………………………………………………79
断るときの3つのポイント　79　　絶対に断らなければならないときのポイント　80

3 頼むことの大切さ…………………………………………………………80
ソーシャル・サポートを求めることの大切さ　80　　頼み方のポイント　80　　組織全体としての機能を向上させる大切さ　81　　4つのタイプの依頼　82　　管理職などの上司への頼み方　82　　学校と保護者，地域との連携を促進させるコツ　83

　　　コラム⑥：小中学生対象のSEL-8Sでの"断り方と頼み方"　85

第7章　電話でのコミュニケーション…………………………………………87

1 電話の進歩…………………………………………………………………87

2 電話でのコミュニケーションの特徴……………………………………88
視覚情報がないコミュニケーション　88　　対面とは異なる話し方　88

3 電話をかける………………………………………………………………89
かけ方の手順を身に付ける　89　　保護者への電話はまずよいことから　89　　伝えにくい内容の伝達は，"私メッセージ"や"ルール"を使って　90

4 電話を受ける………………………………………………………………91
電話の受け方　91　　重要案件や苦情への対応　91　　"嫌な"電話にも感謝の気持ち

で 92　取り次ぐ場合の注意点 93　電話があったこと自体が重要な情報 93

　　　コラム⑦：小中学生対象のSEL-8Sでの"ケータイ，スマホ" 96

D　関係づくり
第8章　関係開始 …………………………………………………………………… 99
1　関係開始のスキル ……………………………………………………………… 99
関係開始の重要性 99　他人への無関心 100　社会的スキルと関係開始スキル 100　スモールトーク 101　非言語的コミュニケーション 102　コミュニケーションの文化差 102

2　子どもとの関係 ………………………………………………………………… 103
教師と子どもとの人間関係 103　子どもの教師認知 103　子どもの教師に対する期待 104　気になる子どもとの関係構築 104　教師の子ども認知 105

3　保護者や地域住民との関係 …………………………………………………… 105
保護者との関係 105　保護者との信頼関係を築くポイント 106　地域社会との関係 107

　　　コラム⑧：小中学生対象のSEL-8Sでの"関係開始" 109

第9章　問題解決 …………………………………………………………………… 111
1　問題解決とは …………………………………………………………………… 111
問題解決が必要な場面 111　問題解決の4ステップ 112　①目標設定ステップ 112　②解決策案出ステップ 113　③結果・長短所の予想ステップ 113　④解決策の決定と実行ステップ 114

2　教育場面での問題解決 ………………………………………………………… 114
"見える化"する工夫 114　自分の問題への気づき 115　問題と課題の違い 116　事前の研修や訓練を活かす 116　見とおしをもつ力 117　4つのステップの多様性 118　サポートを求めることの大切さ 118　成長の糧にする 119

　　　コラム⑨：小中学生対象のSEL-8Sでの"問題解決" 121

第10章　説明や指示の聞かせ方 ………………………………………………… 123
1　"学級崩壊"や授業不成立の改善 …………………………………………… 123
授業が成立していない状態 123　"学級崩壊"の原因 124　基本は話し言葉による言語的コミュニケーション 124

2　コミュニケーション成立のポイント ………………………………………… 125

簡潔な指示や説明　125　　最後まで聞かせる　126　　"聞く"ことの3段階　126
個人のニーズへの対応　127　　指示を聞こうとしない子どもの理由　128　　具体的な
話し方の工夫　128　　反論したり茶化したりする子ども　129　　"こころの信号機"
モデル　129　　日頃からの"かかわる"姿勢が大切　130

　　　コラム⑩：小中学生対象のSEL-8Sでの"感情のコントロール"　133

E　ストレスマネジメント

第11章　ストレスへの対処 ……………………………………………………… 135

1　教師のストレスマネジメント ……………………………………………… 135

ストレスとは　135　　ストレスマネジメントとは　136

2　ストレッサーを除去・軽減する（対処方略①）………………………… 137

ストレッサーへの対処　137　　教師のストレッサーとその対処のポイント　137

3　認知的評価を変える（対処方略②）……………………………………… 139

4　ストレス反応を抑える（対処方略③）…………………………………… 139

ストレス反応への対処　139　　いろいろな対処法　140　　対処法に取り組む際の注意
点　140

5　ソーシャルサポートによる対処（対処方略④）………………………… 141

サポート源の確保　141　　公的な相談機関　142

6　自分に適した対処 …………………………………………………………… 143

　　　コラム⑪：小中学生対象のSEL-8Sでの"ストレスマネジメント"　145

F　問題防止

第12章　スクール・コンプライアンス …………………………………… 147

1　スクール・コンプライアンスとは ………………………………………… 147

コンプライアンスとは何か　147　　価値観の多様化がもたらしたもの　148

2　教育現場実践における不祥事 ……………………………………………… 149

不祥事を予防するには　149　　絶対にしない飲酒運転　149　　覚せい剤には手を出さ
ない　150　　体罰行為の予防には，まず深呼吸　150　　交通事故では，まず"こころ
の信号機"　151　　個人情報の適切な扱い　152　　いじめ防止法が求めているもの
153　　わいせつ行為は言語道断　154　　公費の不正使用は必ずバレる　154　　児童
虐待について教師に課せられた義務　155

　　　コラム⑫：小中学生対象のSEL-8Sでの"喫煙防止"，"薬物乱用防止"など　157

G 環境変化への対処

第13章 異動などの環境変化への対処 ……………………………………… 159

1 環境変化への対処の重要性 …………………………………………… 159
さまざまな環境変化 159　環境変化によるメリット 160　環境変化で起こるストレス対処 161

2 新しい仕事や環境に対するストレスへの対処 ……………………… 161
情動に焦点を当てた対処 161　焦らず，前向きに 162　サポート源の確保 162

3 環境変化にともなう人間関係の構築 ………………………………… 163
名前から始まる人間関係 163　積極的にかかわる 164　校内の重要な立場にいる教師を知る 164

4 環境変化にともなう仕事上の対処 …………………………………… 164
わからないことは積極的に相談する 164　"郷に入っては郷に従え" 165　"立つ鳥跡を濁さず" 165

5 プライベート環境の整備 ……………………………………………… 166
各種手続きをする 166　規則正しい生活リズムのルール決め 166

コラム⑬：小中学生対象のSEL-8Sでの"環境変化への対処" 169

H ボランティア

第14章 日常のボランティア ……………………………………………… 171

1 日常のボランティアとは ……………………………………………… 171
多様な意味をもつ"ボランティア" 171　ちょっとした人助けと自発的な関与 172　人助けを支える能力 173　自発的な関与を支える能力 173

2 学校や日常生活でのボランティア …………………………………… 174
潤滑剤としてのボランティア行動 174　"情けは人の為ならず" 175　モデルを見つける 175　地域社会でのボランティア 176　街中でのボランティア 176　家庭でのボランティア行動 177

コラム⑭：小中学生対象のSEL-8Sでの"ボランティア" 180

終　章　社会性と情動の学習の活用に向けて ……………………………… 183

1 教師に求められる力 …………………………………………………… 183
本書で注目した力 183　教師の資質能力 184

2 教師の資質能力の基盤づくりとしてのSEL-8T …………………… 185
社会性と情動の能力からみた教師の資質能力 185　8つの社会的能力と8つの学習

もくじ

領域　186　児童生徒用のSEL-8Sと教師用のSEL-8Tの関係　186　養成段階での授業や教員研修実施上の利点　187　今後の改善に向けて　188

エクササイズ解答編　191
さくいん　199

序章　社会性と情動の学習とは何か

学校の教師は，子どもの指導，保護者との連携，同僚教職員との協働のために，人とかかわるための社会的能力が必要不可欠である。その社会的能力を身に付け，また高めるために，「教師のための8つの社会的能力育成をめざした社会性と情動の学習」（SEL-8T）プログラムを作成したので，それを紹介する。このプログラムは，5つの基礎的な社会的能力と3つの応用的な社会的能力を育てることを目的としたもので，そのために具体的には，A 基本的生活習慣～H ボランティアまでの8つの学習領域が設定され，領域ごとに学習内容が組まれている。本章に続く第1章～第14章にそれらの内容と理解促進のための課題などが説明されている。また本章では，やはり8つの社会的能力の枠組みを用いた児童生徒用のSEL-8Sプログラムと関連づけて実施する方法の紹介や，教師の自己評価方法とその結果についても説明を行う。

1 社会性と情動の学習

学校の教師に求められるもの

学校の教師は専門職であり，それなりの社会的地位もあるといえる。教師の不祥事がニュース沙汰になりやすいのは，社会的地位があることの裏返しであろう。しかし，若手教師に求められる資質能力の水準は，以前に比べて高くなっていると考えられる。初任者だからとかまだ経験年数が少ないといった理由で，保護者や地域住民が大目にみてくれるようなことはなくなった。むしろ，経験の浅さに不安を覚えたり，少しの不手際にも教師の予想以上に不満を抱いたりする傾向がある。

こうした時代に教師に求められる資質能力については議論があるが，子どもを対象

とする職業だけに，子どもとかかわる力は必要不可欠である。さらに子どもの指導だけでなく，近年は保護者との連携や同僚教職員との協働がますます重要になっている。若手教師にとって，こうした関係における社会的能力，すなわち，周囲の人々や集団と良好なかかわりをもつ力がこれまで以上に求められている。

社会性と情動の学習とは

　教師の社会的能力を高めるには，どうすればよいのか。通常は，教職生活や日常の生活をとおして身に付けていくものであるが，若手の教師を取り巻く社会的な要求はそれを許容してくれる状況にはないようである。そのため，養成段階や初任段階で，意図的・計画的に学習や研修の場が設けられることが望ましいと考える。もちろん，一定年数の経験を経た中堅教師にも求められるが，特に養成・初任段階では社会的能力の習得が必須であろう。

　ここでは，社会的能力を高めることを目的とした学習や研修のために，社会性と情動の学習（Social and Emotional Learning：略すと SEL，呼び方はセルまたはエス・イー・エル）に注目した。本書では，社会性と情動の学習を「自己の捉え方と他者との関わり方を基礎とした，社会性（対人関係）に関するスキル，態度，価値観を育てる学習」と説明しておく（小泉，2011）。これは，社会的能力を高めることを目的とした多数の心理教育プログラム（心理学の考え方や研究成果などを基盤とした学習プログラム）の総称で，例えば一般に知られるようになったソーシャルスキルトレーニング（SST）なども含まれている。

　社会性と情動の学習プログラムは，幼児から高校生程度までの子どもを対象にしたものがほとんどであるが，この種の学習は一生涯必要であると考えられている（イライアスほか，1999）。ここでいう"学習"は，学校などで机に向かって課題に取り組むような形態ではなく，種々の経験をとおして知識や考え方，そして行動の仕方を新しく身に付けていくことを意味している。例えば，成人してからの職場での同僚や先輩，あるいはしばらくすれば部下との関係の中で，適切なかかわり方は変わってくる。家庭をもてば夫婦関係，そして子どもを授かれば親子関係，また義理の親との関係で，それぞれ新たなかかわり方が必要になる。仕事に関しては，業種（例：製造業，金融業など）によって求められる行動様式は異なるし，また同じ会社内でも職種（営業，事務，研究開発など）で，関係者とのかかわり方が異なることは容易に理解できるだろう。

　このように考えると，意識しているか無意識かにかかわらず，確かに社会性と情動

の学習は一生涯続くものであり，さらにその学習の成果が豊かであれば，人間としての歩み，すなわち生き方の成長につながるものであることがわかる。

情動への注目

　ここまで，情動という言葉を説明しないままで話を進めてきた。情動とは，急激に生じて短い時間で終了する反応の振れ幅が大きな一過性の感情を意味し（今田，1999），恐怖，驚き，怒り，悲しみ，喜びなどが該当する。情動と感情はよく似た言葉ではあるが，同じ意味ではないことがわかるだろう。従来，情動はあまり注目されることがなく，感情とともに，知性の下に位置づけられる傾向があった。しかし，一般によく読まれている『EQ──こころの知能指数』（ゴールマン，1989）で情動が注目されるようになり，さらに最近の研究で人間の思考や行動には情動が重要な意味をもつことが示されつつある（例えば，日本心理学会・箱田・遠藤，2015）。

　情動の中で最もわかりやすいのは怒りであり，キレて衝動的な行動に出た結果，後で後悔するという失敗がないように，適切に"抑える"ことが求められる。例えば，子どもの指導の中で，怒りのあまり思わず手が出て体罰に至るといった事態である。ただし，怒りそのものは生理反応であって，それ自体に善悪はないと考えられる。したがって，"抑える"だけではそのストレスが次第に蓄積されて，例えば体調を崩すなど別の好ましくない結果に至りやすい。重要なのは，怒りのコントロールとともに適切な伝達あるいは表出方法を身に付けることである。こうした観点に立って情動を位置づけ，より適切な行動様式を身に付けてもらいたい。

2 教師に求められる社会的能力

SEL-8T プログラムの利用

　本書では教師に求められる社会的能力を，「教師のための8つの社会的能力育成をめざした社会性と情動の学習」[1]（Social and Emotional Learning of 8 Abilities for Teachers：SEL-8T）（小泉，2014）で高めることを目的とする。SEL-8T のためのプ

▷1　小泉（2014）では，「教師となるための8つの社会的能力育成をめざした社会性と情動の学習」という名称であったが，養成段階以外にも該当する学習であると考え，本書では名称を改める。

表序-1　SEL-8Tプログラムで育成を図る社会的能力

	能　力	SEL-8Tでの内容
基礎的な社会的能力	自己への気づき	自分の感情に気づき，また自己の対人関係能力や教職能力について現実的で根拠のある評価をする力
	他者への気づき	児童生徒，保護者，職場の教職員の感情を理解し，彼らの立場に立つことができるとともに，多様な人がいることを認め，良好な関係をもつことができる力
	自己のコントロール	物事を適切に処理できるように情動等をコントロールし，挫折や失敗を乗り越え，また妥協による一時的な満足にとどまることなく，目標を達成できるように一生懸命取り組む力
	対人関係	児童生徒，保護者，職場の教職員との関係において情動を効果的に処理し，また保護者や職場の教職員とは，協力的で必要ならば援助を得られるような健全で価値のある関係を築き，維持する。ただし，不適切な誘いは断り，意見が衝突しても解決策を探ることができる力
	責任ある意思決定	関連するすべての要因と，いろいろな選択肢を選んだ場合に予想される結果を十分に考慮し，意思決定を行う。その際に，児童生徒，保護者，職場の教職員を尊重し，自己の決定については責任をもつ力
応用的な社会的能力	生活上の問題防止のスキル	自らの心身の健康を維持・管理し，病気やけがを予防するとともに，社会規範を守り法令を遵守する力
	人生の重要事態に対処する能力	就職や異動時の環境変化に対処し，家庭生活では課題を解決し困難を克服する力
	積極的・貢献的な奉仕活動	身近な他者への援助に関するボランティア精神の保持とボランティア活動を実践する力

出所：小泉（2014）を一部改変。

ログラムは教師にかかわる学習プログラムであり，総称としてのSELプログラムの中の特定プログラムという位置づけになる。

　なお，教師のソーシャルスキルに関しては，『教師のためのソーシャル・スキル』（河村，2002）と『先生のためのソーシャルスキル』（相川，2008）の先駆的な2冊の著書が出版されているが，本書はより幅広い社会的能力に注目している点が異なる。

　SEL-8Tプログラムで注目し育成を図る社会的能力は，表序-1に示した8つの能力である。これらは，大きく基礎的な社会的能力と応用的な社会的能力に分けられる。基礎的な社会的能力は，自己への気づき，他者への気づき，自己のコントロール，対人関係，責任ある意思決定の5つからなり，応用的な社会的能力は，生活上の問題防止のスキル，人生の重要事態に対処する能力，積極的・貢献的な奉仕活動の3つで構成している。各能力について，次に簡単に説明する（小泉，2014）。

5つの基礎的な社会的能力

"自己への気づき"は，自己を対象化して自分の感情やその感情の強さ，あるいは感情の動きを認知することを意味している。それとともに，対人関係能力や教師としての教職能力についての自己評価も含まれる。ここでの教職能力とは，あまり細分化せずに大まかに，学習指導における教授能力，学級等を指導する経営能力，そして子どもの生活全般を指導する生徒指導能力等を意味している。

次に"他者への気づき"では，まず日々の教育活動で直接の対象となる児童生徒，その保護者，そして協働関係が必要な職場の教職員について，これらの人々の感情を理解することが重要である。それとともに，そうした人々の立場に立って，その思いや考えを推し量ること，また価値観が従来以上に多様化している現代では，感じ方や考え方の多様性への気づきと理解が必要不可欠であり，それを基盤に良好な関係をもつ必要がある。

3番目の"自己のコントロール"については，まず情動の制御と活用を意味している。教師としての種々の仕事を適切に遂行できるように情動をコントロールし，また挫折や失敗に遭遇してもそれを乗り越える必要がある。そして，実施すべきレベルに達していないとき，妥協してそのままにしてしまうのではなく，当初のゴールに到達できるように努力を続けることを意味している。この"自己のコントロール"は，怒りなどの暴発を抑制することが前面に出やすいが，それだけではなく情動を一種のエネルギーとして捉え，これを適切にコントロールして，物事を遂行する面も含まれている点が特徴である。

さらには，時間，金銭，物もコントロールの対象としている。これらは各人が自分で管理すべきものと考えられるので，他者との関係の話の中で取り扱われることは少ない。しかし，これらの事項は社会性と情動の学習の定義で示した"自己の捉え方"と深く関係するし，さらに実際の社会生活でも重要であるため含まれている。

"対人関係"は内容としては非常に幅広く，教師が日々接する対象者として，児童生徒，保護者，職場の教職員との関係において，まず情動を効果的に処理することが含まれる。児童生徒とのやりとりにおいて，ついカッとなって子どもへの体罰に及ぶといった事例はこの点に課題がある。情動の処理のもとに，連携すべき保護者や職場の教職員と，協力的で必要ならば援助を得られるような健全で価値のある関係を築いて，それを維持する必要がある。これには，日常のあいさつに始まり，良好な関係維持や，また問題に遭遇した状況ではその解決なども含まれている。

5番目の"責任ある意思決定"は，教師が職務を遂行するにあたって，関連するす

べての要因と，各選択肢を選んだ場合に予想される結果を十分に考慮し，意思決定を行う能力である。その際に，身勝手な判断をせず，児童生徒，保護者，職場の教職員を尊重するとともに，自分が下した決定については責任をもたなければならない。日常生活は意思決定の連続といえるが，教師が行う教育活動やそのための準備あるいは組織運営にも，常に意思決定がともなう。

3つの応用的な社会的能力

"生活上の問題防止のスキル"は，教師に限らず社会人にとって重要なスキルである。自らの心身の健康の維持と管理は必要不可欠であり，病気やけがによって職務遂行に支障がないようにしなければならない。また社会規範を守り，法令を遵守することも必要である。例えば，飲酒運転は法的に禁止されており許されない行為であるが，教師であるがゆえにより強い社会的批判を浴びることもあるし，また近年は体罰なども従来以上に社会的な注目を集めている。これらの問題を防ぐ力が必要不可欠である。

応用的な社会的能力の2つ目は，"人生の重要事態に対処する能力"である。これは，公私を問わず環境変化を体験する状況での対処能力を意味する。教師としての就職，新しい学校への異動，あるいは管理職への昇任などでは，少なからず環境や状況が変化する。また私的には，結婚や出産，あるいは近親者との死別なども重要な事態である。こうした事態は，職業人としてだけでなく，人生のライフステージでの"節目"にあたる。これらの"節目"を適切に乗り越えることができれば，新たな成長につながる反面，失敗すると何らかの影響が残る。適切に対処する力が求められる。

最後の"積極的・貢献的な奉仕活動"は，身近な他者の必要に気づき，自発的に何らかの援助や貢献を申し出て実施することができる能力を意味する。これには，ボランティア精神あるいはボランティア活動という言葉をあてることができるが，ただしボランティア団体に入るとか，グループを作って奉仕活動を行うという意味ではない。もっと日常的で私的なものであり，ちょっとした心遣いや他者への援助という側面が強い。対象は，職場の教職員やあるいは身近な関係者が中心である。

なぜ8つの社会的能力なのか？

アメリカでは児童生徒用に多数のSELプログラムが開発され実施されているが，その学習内容を集約した学習の領域（イライアスほか，1999）と，SELの普及をめざしているアメリカのNPO団体CASELが提唱する社会的能力（Collaborative for

Academic, Social, and Emotional Learning, 2003) を組み合わせてまとめたものが、8つの社会的能力である（小泉，2005，2011）。いわば，教育実践で使われている有効な多数の教育プログラムから帰納的に導き出された学習の領域や能力区分を，さらに統合した構造になっている。詳しくは，後で説明する子ども対象の SEL-8S プログラムの解説を参照してほしい（小泉，2011）。

　なお，こうした子ども用の社会的能力育成プログラムの構造を，大人用に適用することについては疑問があるかもしれない。しかし，表序－1 に示した基礎的な社会的能力と応用的な社会的能力という 2 つの大きな区分と，各社会的能力の内容を検討する段階で，こうした能力区分の設定に問題はないと判断した。すなわち，他者とのかかわり方については，通常は基礎的な社会的能力に区分される諸能力が取り上げられるが，その区分方法に必ずしも定説はない。今回の 5 つの区分は，大人に対しても必要と考えられる能力を適切に配置していると考えた。

　また応用的な社会的能力は，他の心理教育プログラムではあまり取り上げられないものもあるが，実際の職場や私生活で必要とされる能力である。しかも，発達段階を問わず，実生活の中で対応を迫られたり（例：環境変化への対処），あるいは自らが意識することを求められたりする事項（例：社会規範の遵守）が関係している。

　以上のような検討の結果，教師用の学習プログラムでは，8 つの社会的能力の区分を採用することとした（小泉，2014）。なお，これは SEL-8T プログラムを教師になる前の養成課程で学習する際には，次に説明する児童生徒用の学習プログラムとの対応づけも可能であるという利点がある。

☐ 教師用（SEL-8T）と児童生徒用（SEL-8S）との関係

　8 つの社会的能力区分をもとに小学 1 年生から中学 3 年生までの 9 年間の学習プログラム（Social and Emotional Learning of 8 Abilities at School：SEL-8S）が作成され、またその学習効果が示されてきている（小泉，2011；小泉・山田，2011a；小泉・山田，2011b）。教員養成課程での SEL-8T プログラムを用いた授業や教師対象の研修では，児童生徒用の SEL-8S プログラムの指導法を学んだ後，同じ能力構造の SEL-8T プログラムで自らの社会的能力に目を向け，その伸長を図るための学びや研修をするといったことが可能である。

　本書の各章の最後にはコラムがあり，児童生徒用の SEL-8S プログラムの内容を簡単に紹介してある。したがってこれを初めに学び，それを踏まえて各章の本文を読んだり課題をやってみるといったことも可能である。各自で工夫してみるとよいであろ

表序-2 SEL-8Tの8つの学習領域における主テーマ例の配置

社会的能力	学習領域	A 基本的生活習慣	B 自己・他者への気づき、聞く	C 伝える	D 関係づくり	E ストレスマネジメント	F 問題防止	G 環境変化への対処	H ボランティア
基本的な社会的能力	自己への気づき		・自己理解（感情、対人関係能力、教職能力）			・ストレス認知			
	他者への気づき		・他者理解（感情、立場） ・感情についての理解						
	自己のコントロール	・時間管理 ・金銭管理 ・整理整頓		・感情コントロール					
	対人関係	・あいさつ	・非言語的コミュニケーション	・感情伝達 ・意思伝達（依頼、断り、対面、電話、電子メールなど）	・関係開始 ・問題解決 ・説明や指示				
応用的な社会的能力	責任ある意思決定						・意思決定 ・法令順守		
	生活上の問題防止のスキル					・ストレス対処	・精神衛生 ・健康管理 ・法令遵守	・援助要請	
	人生の重要事態に対処する能力							・就職 ・異動 ・昇任	
	積極的・貢献的な奉仕活動								・職場・家庭・地域でのボランティア

出所：小泉（2014）を一部改変。

表序-3 「教師用社会性と情動尺度」の質問項目

社会的能力	質問項目
自己への気づき	・私は，教師として自分の得意なことと不得意なことがわかっている。 ・私は，教師として自分のできることとできないことがわかっている。
他者への気づき	・私は，児童生徒の個性や特徴を理解することができる。 ・私は，児童生徒の気持ちがわかる。 ・私は，保護者の気持ちや立場がわかる。
自己のコントロール	・私は，どの児童生徒に対しても冷静に対応することができる。 ・私は，児童生徒が少々反抗的であっても，落ち着いて指導を続けることができる。 ・私は，児童生徒を指導するときに感情的に怒鳴ることはない。
対人関係	・私は，同じ職場の教職員に自分から進んで話しかけようと心がけている。 ・私は，保護者や同僚教職員とは，楽しんでやりとりができる。 ・私は，同僚教職員には自分から進んであいさつをする。
責任ある意思決定	・私は，他の同僚教職員と意見が違っても，自分の考えを言うことができる。 ・私は，他の同僚教職員の意見に左右されないで，自分の意思で行動することができる。 ・私は，同僚教職員と意見がぶつかっても，自分から解決に向けて動き出すようにしている。
生活上の問題防止のスキル	・私は，自分の不注意によるけがなどで，職務に支障がないように注意している。 ・私は，法令を遵守し，職務に支障がないように心がけている。 ・私は，自分の日常の健康管理に気をつけ，職務に支障がないようにしている。
人生の重要事態に対処する能力	・私は，ストレスがたまったときでも上手に発散し，職務に支障がないように心がけている。 ・私は，私生活で大きな課題にぶつかっても，適切に対処できると思う。 ・私は，少々難しい状況でも，あきらめずに何とか乗り越えることができる。
積極的・貢献的な奉仕活動	・私は，状況が許すなら，自分の居住地の奉仕活動に参加したいと思っている。 ・私は，自分の能力を職場以外でも，他の人のために活かしたいと思う。 ・私は，異動で新しい学校に勤めるときには，新しい出会いや経験を楽しみにしている。

出所：山田・小泉・高松（2014）を一部改変。

う。また，本章末では参考のために，児童生徒用の SEL-8S プログラムの概要を紹介している（表序-5，表序-6参照）。

☐ SEL-8T プログラムの内容

表序-1で示した社会的能力を高めるために，具体的には表序-2の最上段に示したような学習領域を設定した。すなわち，A 基本的生活習慣，B 自己・他者への気づき，聞く，C 伝える，D 関係づくり，E ストレスマネジメント，F 問題防止，G 環境変化への対処，H ボランティアの8つである。そして，表にはそれぞれの学習領域で取り上げる主なテーマを記入してある。

例えば，A 基本的生活習慣では，自己のコントロール力として，時間，金銭，自

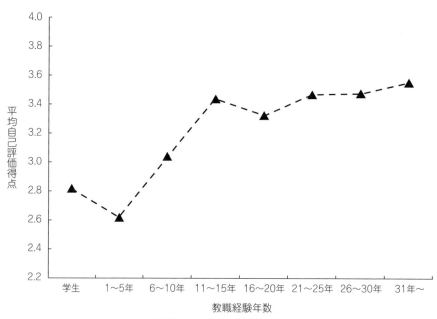

図序 – 1　学部学生と教師の教職能力の自己評価

注：得点は（表序 – 3 の全23項目の平均値）1.0〜5.0の範囲で，得点が高いほど自己評価が高いことを表す。
出所：小泉・山田・髙松（2014）より。

分の持ち物の管理と，対人関係に関する能力としてあいさつをあげることができるという意味である。もちろん，A 基本的生活習慣の学習領域にはこれら以外の能力もかかわるし，またテーマとしても例えば服装などが含まれるかもしれない。表序 – 2 には主なテーマとそれと深くかかわる社会的能力を関連づけて記入してある。他の学習領域についても，同様の趣旨である。

教師の社会的能力の自己評価

一般に，社会的能力の評価方法には，自己評価，他者評価，そして実際の成果（パフォーマンス）による評価の3種類がある。例えば教師であれば，自分自身での評価，同僚教職員や管理職による評価，そして成果としての子どもの学習態度や成績などである。教師の社会性と情動の学習の観点からの研究はまだ十分に進んでいるとはいえないが，一例として自己評価の結果を紹介する。

教師の社会的能力の自己評価のために，「教師用社会性と情動尺度」が開発されている。質問項目は表序 – 3 に示したような内容で，これを使って教員養成系の学部学生と教師に自己評価を求めた結果を表したものが図序 – 1 である。教師となって5年目前後が最低点で，その後，教職経験を積むことによって次第に自己評価が高くなる

表序-4　各章の内容

学習領域	章	内容
A 基本的生活習慣	1	①あいさつ
	2	②時間と金銭の管理
B 自己・他者への気づき，聞く	3	①自己理解
	4	②他者理解
C 伝える	5	①気持ちの伝達
	6	②断り方と頼み方
	7	③電話でのコミュニケーション
D 関係づくり	8	①関係開始
	9	②問題解決
	10	③説明や指示の聞かせ方
E ストレスマネジメント	11	ストレスへの対処
F 問題防止	12	スクール・コンプライアンス
G 環境変化への対処	13	異動などの環境変化への対処
H ボランティア	14	日常のボランティア

ことがわかる。今後，尺度の改善を図りつつ，教師の実際の社会的能力の向上につながるような評価のあり方を検討する必要がある。

各章の内容

　本書の第1章～第14章では，学習領域のA～Hまでを順に解説し（表序-4），また各章には理解を助けるために演習問題を設けてある。14の章を順に読み進める必要はないので，興味を引くところから始めてよい。そして，必ず日々の教育実践や日常生活の中で，練習や実践を試み，自らの社会的能力を高める努力が大切である。単に知識や理解だけでは，ねらいとする"スキル，態度，価値観"（SELの定義を参照）を身に付けることはできない。得た知識や理解をもとに，実際の行動として獲得していくことが必要なのである。

　また，児童生徒用のSEL-8Sプログラムは，教師用と同じようにA～Hまでの8つの学習領域で構成されているため，各章末のコラムではその章で紹介した教師用に対応する児童生徒用のSEL-8Sプログラムを紹介してある。表序-5に小学校のユニット構成（合計54），表序-6に中学校用のユニット構成（合計36）を示してある。これらのユニットは，発達段階に合わせて配列されており，また小学校用と中学校用が関連づけられているので，小学校1年生から中学校3年生までの9年間の学習を系統的に進められるようになっている。

表序-5　学習領域ごとのユニット構成（小学校）

	A 基本的生活習慣	B 自己・他者への気づき、聞く	C 伝える	D 関係づくり	E ストレスマネジメント	F 問題防止	G 環境変化への対応	H ボランティア
低学年 社会性の基礎形成期	(A1) あいさつ 「おはようございます」 (A2) 生活リズム 「チャイムの合図」 (A3) 整理整頓 「自分のもちもの」 (A4) 食生活 「何でも食べよう」	(B1) 自己の感情理解 「おこっているわたし」 (B2) 感情理解 「いろんな気持ち」	(C1) 感情伝達 「とてもうれしい！」 (C2) 意思伝達 「"はい"と"いいえ"」	(D1) 関係開始 「入れて！」 (D2) 協力関係 「手つだってあげよう」	(E1) ストレス認知 「つかれたこと、しんぱいなこと」	(F1) 誘拐防止 「ぜったいについていかない！」 (F2) 交通安全 「交通ルールをまもろう」 (F3) 健康管理 「びょうきにならないために」	(G1) 家族のサポート 「学校のことをお話ししよう」 (G2) 進級 「もうすぐ2(3)年生」	(H1) 学校でのボランティア 「かかりのしごと」 (H2) 家庭でのボランティア 「わたしにできること」
中学年 対人関係の拡大期	(A5) あいさつ 「おはよう、こんにちは、さようなら」 (A6) 生活リズム 「早寝早起き朝ご飯」 (A7) 整理整頓 「忘れ物」	(B3) 自己の感情理解 「自分はどんな気持ち？」 (B4) 他者理解 「しっかり聞こう」	(C3) 感情伝達 「じょうずにね」 (C4) 意思伝達 「手伝ってほしい」 (C5) 意思伝達 「断る方法もいろいろ」	(D3) 自己制御 「こころの信号機」 (D4) 協力関係 「みんなで力をあわせて」	(E2) ストレス認知 「イライラ、さようなら」 (E3) ストレス対処 「こんな方法があるよ」	(F4) 安全教育 「危険な場所」 (F5) 誘拐防止 「こんなときは注意！」	(G3) 転校 「ようこそ転校生！」 (G4) 進級 「もうすぐ4(5)年生」	(H3) 学校でのボランティア 「持ってあげようか」 (H4) 家庭でのボランティア 「わたしの役割」
高学年 社会性の充実期	(A8) あいさつ 「こんにちは」 (A9) 金銭管理 「おこづかい」	(B5) 他者理解 「じょうずにたずねよう」 (B6) 他者の感情理解 「相手はどんな気持ち？」	(C6) 意思伝達 「わたしはしない」	(D5) 問題解決 「トラブルの解決」 (D6) 自己制御 「ちょっと落ち着いて」	(E4) ストレス対処 「リラックスして」 (E5) ストレス対処 「わたしの対処法」	(F6) 万引き防止 「それはしない！」 (F7) 喫煙防止 「わたしはイヤ！」 (F8) 薬物乱用防止 「ぜったいダメ！」 (F9) 携帯電話 「マナーを守ろう」 (F10) 性教育 「男の子と女の子」	(G5) 進級 「最高学年になって」 (G6) 卒業・進学 「いよいよ中学生」	(H5) 学校でのボランティア 「下級生のお世話」 (H6) 身の回りや地域でのボランティア 「いろいろあるよ」

出所：小泉（2011）より。

序　章　社会性と情動の学習とは何か

表序-6　学習単元ごとのユニット構成（中学校）

	A 基本的生活習慣	B 自己・他者への気づき、聞く	C 伝える	D 関係づくり	E ストレスマネジメント	F 問題防止	G 進路	H ボランティア
1年	(A1) 同級生へのあいさつ「どうぞよろしく」 (A2) 規範遵守「私たちの生徒規則」	(B1) 他者理解「"聞く"と"聴く"」	(C1) 意思伝達「わかりやすく伝えよう」 (C2) 意思伝達「はっきり断ろう」	(D1) 協力関係「いろんな意見」 (D2) 問題解決「友だちが怒っちゃった!?」	(E1) ストレス認知&対処「ストレスマネジメントI」	(F1) 万引き防止「ダメ！万引き」 (F2) 喫煙防止「タバコってかっこいい!?」	(G1) 自己理解「"私"のいいところ」	(H1) 学校でのボランティア「学校でのミニボラ?」
2年	(A3) 時間管理「時間を大切に!」 (A4) 整理整頓「道具の管理」	(B2) 自己理解「短所を乗り越える!」	(C3) 非言語による伝達「しぐさと態度のコミュニケーション」 (C4) 感情伝達「冷静に伝える」	(D3) 携帯電話「顔の見えないコミュニケーション」 (D4) 問題解決「ストップ！いじめ」	(E2) ストレス認知&対処「ストレスマネジメントII」	(F3) 精神衛生「ポジティブに考えよう！」 (F4) 薬物乱用防止「他人事じゃない シンナー&覚せい剤」	(G2) 進路選択「私の"夢"」	(H2) 地域でのボランティア「地域でのボランティア」
3年	(A5) 下級生や大人へのあいさつ「状況に応じたあいさつ」 (A6) 金銭管理「見えないお金の使い方」	(B3) 他者理解「"私"への思い」	(C5) 意思伝達「上手な教え方」 (C6) 意思伝達「初対面での話し方」	(D5) 携帯電話「携帯電話のマナー」 (D6) 男女の協力関係「男らしさ・女らしさ」	(E3) サポート希求「ストレスマネジメントIII」	(F5) 性教育「恋愛と責任」 (F6) 健康教育「太ってる?やせてる?」	(G3) 進路決定「私が進む道」	(H3) 学校でのボランティア「最高学年になって」

出所：小泉 (2011) より。

SEL-8Sプログラムは全部で3冊の書籍にまとめられていて，1冊目はプログラムの概論書，2冊目が小学生用プログラム，そして3冊目が中学生用プログラムである。2冊目と3冊目には，すべてのユニットの指導案や資料および学習プリントが掲載してあり，また資料や学習プリント，児童生徒用のアンケート関係のファイルなどは，ホームページから自由にダウンロードできるようになっているので，ぜひ利用していただきたい。

引用・参考文献

相川充（2008）先生のためのソーシャルスキル　サイエンス社．

Collaborative for Academic, Social, and Emotional Learning（2003）*Safe and sound: An educational leader's guide to evidence-based Social and Emotional Learning (SEL) programs*. Chicago, IL: Author.

ゴールマン・ダニエル　土屋京子（訳）（1998）EQ——こころの知能指数　講談社．

今田純雄（1999）情動　中島義明・子安増生・繁桝算男・箱田祐司・安藤清志・坂野雄二・立花政夫（編）　心理学辞典　有斐閣，414-415.

イライアス，M. J.・ジンズ，J. E.・ワイスバーグ，R. P.・フレイ，K.・グリーンバーグ，M. T.・ハイネス，N. M.・ケスラー，R.・シュワーブストーン，M. E.・シュライバー，T. P.　小泉令三（編訳）（1999）社会性と感情の教育——教育者のためのガイドライン39　北大路書房．

河村茂雄（2002）教師のためのソーシャル・スキル——子どもとの人間関係を深める技術　誠信書房．

小泉令三（2005）社会性と情動の学習（SEL）の導入と展開に向けて　福岡教育大学紀要　第4分冊 教職科編, 54, 113-121.

小泉令三（2011）子どもの人間関係能力を育てるSEL-8S ①　社会性と情動の学習（SEL-8S）の導入と実践　ミネルヴァ書房．

小泉令三（2014）教職志望学生のための社会性と情動の学習（SEL-8T）の提案　福岡教育大学紀要, 63(4), 157-165.

小泉令三・山田洋平（2011a）子どもの人間関係能力を育てるSEL-8S ②　社会性と情動

▷2　それぞれ，小泉令三（2011）『子どもの人間関係能力を育てるSEL-8S ①　社会性と情動の学習（SEL-8S）の導入と実践』ミネルヴァ書房，小泉令三・山田洋平（2011）『子どもの人間関係能力を育てるSEL-8S ②　社会性と情動の学習（SEL-8S）の進め方——小学校編』ミネルヴァ書房，小泉令三・山田洋平（2011）『子どもの人間関係能力を育てるSEL-8S ③　社会性と情動の学習（SEL-8S）の進め方——中学校編』ミネルヴァ書房，である。

▷3　「対人関係能力育成プログラム開発（SEL：社会性と情動の学習）」（https://ww1.fukuoka-edu.ac.jp/~koizumi/index.html），または"SEL-8S"で検索可能。

の学習（SEL-8S）の進め方　小学校編　ミネルヴァ書房.
小泉令三・山田洋平（2011b）子どもの人間関係能力を育てるSEL-8S③　社会性と情動
　の学習（SEL-8S）の進め方　中学校編　ミネルヴァ書房.
小泉令三・山田洋平・高松勝也（2014）教職に関する社会的能力についての自己評価──
　教職志望学生と教員との比較検討　日本教育心理学会第56回総会発表論文集，411.
山田洋平・小泉令三・高松勝也（2014）教師用社会性と情動尺度の開発──信頼性と妥当
　性の検討　日本心理学会第78回大会発表論文集，1180.

A 基本的生活習慣

第1章 あいさつ

> あいさつは，文字どおり人間関係の第一歩であり，あらゆる場面や状況でその大切さがいわれる。まず，あいさつの意味と難しさ，そして環境の重要性について説明する。そして，あいさつが日常のごくありふれた習慣であるために，かえってその習得過程で気づきにくい点として，モデリング，機能的自律，非言語的側面（ノンバーバル・コミュニケーション），二言あいさつについて説明する。これらを読んで，読者に「なるほど確かにそうだ」と納得してもらえれば幸いである。これらに続く後半部分では，子どもへのあいさつ，職場である学校の同僚教職員へのあいさつ，そして保護者や地域住民へのあいさつというように，対象者ごとに具体的な留意点や努力すべき点を説明する。日常生活での自分のあいさつを思い出しつつ，自分のあいさつの特徴やさらに課題を見つけることができれば，具体的な改善につながるだろう。

1 あいさつとは

☐ あいさつの意義

「あいさつはコミュニケーションの基礎」あるいは，「社会人の第一歩」といった言葉をよく耳にする。これは，対面でのコミュニケーションに限らない。例えば文書でのやり取りにおいても，「拝啓」や時候のあいさつが定められており，また近年，使用が一般化している電子メールでも，ビジネス等の状況では「お世話になっております」で始まり，「よろしくお願いいたします」といった言葉で締めくくられることが多い。電話でも，仕事に関することであれば，突然本題から入ることはなく，「こちらは，○○の○○と申します」と自己紹介をしてやりとりを開始するのが一般的であ

る。これらも含めると，日常生活はまさにあいさつで回っているといってもよい。

　こうしたあいさつの方法は，これを身に付けていない段階では，煩わしくまた面倒に感じるかもしれないが，逆にこれがないと，どのように人との関係を開始すればよいのかがわからず，戸惑ってしまう。ある程度定式化されていて，しかも一定の範囲でその妥当性が共有されているために，いったん身に付けると便利で有効な行動様式なのである。

☐ あいさつの難しさ

　あいさつは簡単なようで難しい行動である。"誰に"，"いつ（どのような状況で）"，"どのように"あいさつすべきなのか，という点が複雑だからである。例えば，街中の歩道やショッピングセンターの中などで，すれ違う人全員に「こんにちは！」と声をかけたとする。おそらく，非常に不自然な行動なので不審に思われるだろう。しかし，登山道では，相手の年齢にかかわらず，見知らぬ人同士があいさつを交わすのが一般的である。そこで，もしあいさつをしないと，こうした習慣に慣れていないかあるいはあいさつができないほど疲れていると思われるだろう。

　別の例をあげよう。あいさつをされたらあいさつを返すというのが一般のルールである。しかし，例えば店やホテルなどで，従業員から「いらっしゃいませ」と丁寧にあいさつされて，「どういたしまして」と答える人はほとんどいない。こうした状況では，せいぜい会釈程度以上には返礼をしないのが一般的である。

　また，朝の「おはよう」というあいさつひとつにしても，言い方や姿勢はあいさつをする人同士の関係によって異なる。家族の間，教師と児童生徒の間，上司と部下の間，学生であれば先輩と後輩の間では，言葉づかいなども違ってくる。このように，あいさつはかなり複雑であり，難しい習慣なのである。

☐ あいさつと環境

　人は，どのようにあいさつを習得するのだろうか。人間の発達を規定する2つの要因である遺伝と環境のうち，環境要因，つまり親や家族あるいは教師による指導やその影響を受けてあいさつを身に付けていく。これは例えば"野生児"研究，すなわち何らかの理由で人間社会から隔離されて育ち，かなり成長してから発見された子どもの記録（例：イタール，1975）から明らかである。周囲に人間がいない環境で育つと，あいさつはおろか言語の習得さえ難しいことが報告されている。

また，あいさつの習得が周囲の環境の影響によるということは，あいさつの文化差を考えるとわかりやすい。日本文化ではお辞儀があいさつの基本であるが，欧米での握手の場合はお辞儀は不要である。それにもかかわらず，日本人は握手をしながら自然とお辞儀をしてしまうことが多い。あるいは電話で話していて相手が目の前にいないときでも，目上の人や大事な立場の人であればお辞儀をしてしまいやすい。一方，ヨーロッパでは，親しい間柄であれば，抱擁（ハグ）やさらには相手の頬に軽くキスをするようなあいさつが一般的であるが，日本人はこれに慣れるのに時間がかかる。そうした行動様式の環境にないために，身に付いていないからである。あいさつの仕方は，その生まれ育った文化の中で身に付けてきたものであることがわかる。

2 あいさつの習得過程

☐ モデリング

　あいさつは，直接，大人から指導されるだけでなく，周囲の人の行動をまねることによっても身に付けている。特に，そうした行動が好ましい結果をもたらすとわかれば，同じような行動をとりやすい。友だちが適切なあいさつをしてほめられたり，逆にあいさつをしないために叱られたりするのを見れば，あいさつへの動機づけは高まるだろう。学校でも，まずは教師自らがしっかりとあいさつをして，子どもにモデルを示すとともに，よいあいさつをしたらしっかりとほめて定着を図る必要があるだろう。

　このプロセスをもう少し詳しく説明する。まず，手本となる人を選んで，その行動に注目する（注意過程）。そして，その行動が，どのようなものかを記憶する（保持過程）。次にその行動を，実際に自分も行う（運動再生過程）。ただし，この行動ができるとわかっても，"やる気"がないと続かないだろう。これは，ほめられたり叱られたり，あるいは本人が自分からやりたいと思わない限り難しい（動機づけ過程）（バンデューラ，1975）。

▷　18世紀末のフランスの森で推定11〜12歳の裸の少年が発見され，人間らしさを取り戻すための教育が，軍医のジャン・イタールによって数年にわたって施された。しかし，言語や知的能力，そして社会性は十分に回復できなかった（第5章参照）。

☐ 機能的自律

　子どもは，大人の指導なしで自発的にあいさつをすることはない。親と一緒に親戚の家に行くような場面では，「『こんにちは』って言うのよ」と言われて初めてあいさつをする。そして，上手にできればほめられる。しかし，あいさつをしないでいると叱られるかもしれない。このように初めは環境からの働きかけで，あるときはほめられたり，またあるときは叱られたりして，次第にあいさつを身に付けていく。

　しかし，成長し経験が積み重なっていくと，今度はあいさつをしないでいると何かしら居心地の悪さを感じたり，気まずさを覚えたりするようになる。さらに，新しいかかわりや良好な関係を築くためにあいさつは大切だと実感して，自分から積極的にあいさつをするようになる。このように，はじめは称賛や叱責によって外発的に行っていた行動が，次第にその機能が変わり，内発的な行動へと変化することを，機能的自律と呼ぶ（赤井，1999）。あいさつに限らず，しつけと呼ばれている養育方法は，ほとんどこの仕組みが該当しているといえよう。

☐ 非言語的コミュニケーション

　コミュニケーションには言語的（バーバル）と非言語的（ノンバーバル）の2つの側面があることはよく知られている。代表的なコミュニケーション手段として，電子メール（SNSを含む）や手紙，電話，対面を考えてみると，これらの中で非言語的コミュニケーションがすべて含まれているのは対面だけである。電話の場合は，声だけのため，例えば表情やしぐさなどはわからない。対面であれば，声の調子や顔の表情，そして動作などから，非常に多くの情報を得ることができる。そのため，社会生活や日常場面では，重要な内容であればあるほど書面や電話では不十分で，「まずは会って……」となる。

　例えば，言語的には「はい，わかりました」という返答であっても，その声の調子や表情などから，納得しているのか，不本意だが承服せざるをえないのか，あるいは本心は全く逆なのかが判断できることが多い。しかも，こうした非言語的コミュニケーションの読み取り能力は，生得的に身に付いているものではなく，一定の学習機会が必要である。教師は，販売や営業のような職種に就いている人に比べると，大人とかかわる機会が限定的である。そうした状況であることを自覚して，今一度，非言語的コミュニケーションの側面に注目し，声の調子，表情，しぐさなどに気をつけてみるとよいであろう。

☐ 二言あいさつ

「おはようございます」や「こんにちは」に続けて，さらに言葉を加える言い方は，二言(ふたこと)あいさつと呼ばれている。例えば，「おはようございます。昨日はご苦労様でした」や「こんにちは。先日はありがとうございました」といった言い方である。

このように，「おはようございます」や「こんにちは」の一言で終わらずに，二言目の言葉が加わるあいさつはよく耳にするが，これにはどのような意味があるのだろうか。簡単にいうと，相手との接点を探ったり，あるいは何かを共有したいという思いを伝えたりしようとする態度を示しているのである。「昨日はご苦労様でした」は，学校で体育祭のような大きな行事が終わった翌日に，体育主任や中心となって準備にあたった教師にかけるねぎらいの言葉である。あるいは遠足の翌日などに，引率した教師が互いに相手の労をねぎらう心の表れでもある。「先日はありがとうございました」は，何か相手に世話になったことがあり，それへの感謝の言葉である。わざわざ時間を割いて子どもの学習のゲスト・ティーチャーとして来てくれたり，学校の何かの会合に参加してくれたり，あるいはボランティアとして子どもにかかわってくれたりしたのかもしれない。

こうした二言目の言葉が出てくるためには，まず相手に関心があり，あるいはねぎらいや感謝の気持ちがなければならない。つまり，気持ちや思いが行動をもたらすということであるが，興味深いのは，逆に行動が気持ちの生起をもたらすことがあるということである。

福岡県内のある工業高校での実践例であるが，教師とあいさつをするときに，この二言あいさつをするように指導されている。最初は「今日はいい天気ですね」という程度で始まり，3年生では体育祭の翌日であれば，「昨日は疲れましたよ，先生」となる。こうした指導が，自分から他者にかかわろうとする意識を生むという。一定の行動様式の習得が，内面的な変化をもたらしているといえる。このあいさつ指導は，学校全体で取り組むキャリア教育の一部に組み込まれており，2008年に始まったリーマンショック以降の高校生の就職氷河期でも，非常に高い就職内定率を保ったという実績がある（朝日新聞，2010）。

3 子どもへのあいさつ

☐ "おかめ"のあいさつを自分から

　"おかめ"とは"大きな声で，体を起こして，目を見て"の各々の頭文字を取ったもので，それを教師から行うのがよい（コラム①参照）。学校生活では，さまざまな場面で，日常的にあいさつの指導がされている。また，朝，学校の校門で教師や児童会・生徒会などの児童生徒の代表，そして保護者も加わって，朝のあいさつ運動が行われている学校がある。こうした指導の中では，子どもの好ましい行動が出やすいように，まず教師から声をかけるのが鉄則であり，教師のあいさつはよいモデルを示す機能が強い。

　こうした教師からのあいさつに対して，子どもが適切にあいさつを返してくればほめてやるし，また何か不十分な点があれば，「はい，もう一度」や「もう少し大きな声で言ってごらん」などと指導するであろう。いわゆる賞罰によって，子どもの行動を好ましいものへ変えようと努力する。

　このような日常場面でのモデル提示や指導の繰り返しが，実は教師が何に重点を置いているのかを子どもに意識させることになる。コラムで紹介するあいさつの指導の後，機会を捉えて指導を受けている学級とそうでない学級では，行動に大きな違いが出る。そのため，教師間でよく話し合い，例えば"あいさつの一斉指導の後の1週間は，すべての学級で，5回ある朝の会のうち，少なくとも3回であいさつに関する話や意識づけを行い，あるいは良い例を紹介する"といった申し合わせをして実施すると，学年や学校全体での取り組みがそろうため，教育環境として大きな影響力を発揮できることになる。

☐ 児童生徒理解の機会として

　子どもへのあいさつは，実はそのときどきの子どもの様子を観察し，児童生徒理解を深める機会でもある。声の調子や表情，そしてしぐさなど主に非言語的コミュニケーションの側面から，いつもより明るい表情である，どうも元気がない，といったその日の様子を察することができる。また，気になる状況が一定期間続けば，学校か家庭で何か支援が必要なニーズがある可能性を示しているのかもしれない。

小学校の学級担任には，早めに教室に行って，子どもを教室で出迎えるようにしている教師がいる。歓迎の思いを表すとともに，登校してすぐのようすから児童観察を深めることができるという利点がある。また，中学校や高校などでは，上で説明した"二言あいさつ"を実施できれば，さらに多くの情報を得ることができる。「おはよう，○○さん。土曜日の練習試合はどうだった？」や「おはよう。昨日の提出物，よくできていたよ」といったように，1人ひとりの子どもに対して，関心をもっているという思いを伝えられれば，コミュニケーションが円滑になるとともに，そこでの子どもの反応から心身の状態を含めて多くの情報を得ることができる。

　教師の中には，子どものこうした反応に非常に鋭敏で，いわゆる観察眼の鋭い人がいる。中学校や高校で，教科担任制のために1日に多数の子どもと接する教師でも，こうしたちょっとしたあいさつ場面で情報を収集して，気づいた子どもの変化を学級担任に伝えてくれる教師がいる。そうした鋭い観察力は一朝一夕に身に付けられるものではないが，ぜひ多くの教師が心がけるべきである。"たかがあいさつ，されどあいさつ"を大切にすべきである。

☐ "守備範囲"を振り返る

　子どもは学校の中では教育の対象であるが，そこでの教師のかかわり方や責任のもち方には濃淡がある。つまり，勤務する学校内で学級担任をしている学級の子ども，教科担当としてかかわる子ども，部活動顧問として接する子ども，特に接点のない子どもといったように，子どもをいくつかのグループに分類することができる。

　それぞれの区分の子どもたちに，どの場面で，どのようなあいさつをしているかを思い出してみると，教師としてのかかわり方を振り返るチャンスとなる。例えば，自分が学級担任をしている学級の子どもにはしっかりとあいさつをするが，同じ学年でも他の学級の子どもには，子どもがあいさつをしてくればそれに返答する程度であるとする。一方，校長や教頭など管理職は，どの子どもにも自分から積極的にあいさつをしているとしよう。この差は何を意味しているのか。これは，どこまでを自分の"守備範囲"とするのかという関心の広さを表している。自分の教育者としてのかかわりの範囲は，学級担任をしている学級の子どもだけと考えているのであれば，当然，それ以外の子どもへの関心は薄くなる。一方，学校の管理職は学校全体が"守備範囲"であり，どの子どもにも関心をもち注意を払っているために，自校の子どもであればどの子にも同じようにあいさつや言葉かけを行う。これは，地域社会でも同じであり，地域で子どもを育てようという思いの人であれば，たとえ顔見知りでなくても，

近所の子どもが朝登校しているのに出会えば，あいさつをしてくれる。

このように，日頃のあいさつを振り返ることによって，自分の"守備範囲"を意識することができる。また，自分との対比のために，身近にあいさつの上手な人がいれば，その人の"守備範囲"を考えてみると参考になるであろう。

4 同僚教職員へのあいさつ

☐ 職場での二言あいさつ

学校に限らず，二言あいさつは相互の関係を良好なものにするのに非常に有効である。これを実施しようとすると，前にも説明したように，相手との接点を見出す必要がある。何か共有できるものはないか，あるいは何か世話になったり，あるいは自分が注意を払えるものがないかを探したりする必要がある。具体的にいうと，学校行事で世話になった，授業の準備で助けてもらった，自分が忘れていたものを思い出させてくれた，担任する子どもが世話になった，相手が何か個人的に大変な経験（病気，けが，弔事）をしたといった場合である。わざとらしく話すことは避けるべきであるが，相手への関心や素直な思いを伝えるように心がけるとよい。

☐ モデルとなる同僚探し

学校は，教育的な場であるということもあって，教職員間では比較的よくあいさつがされている。教師，事務職員，図書館司書，給食調理員，校舎・敷地内の整備を担当する用務関係者などの職種にかかわりなく，相互にあいさつが交わされている光景を目にする。ただし，その中でもモデルにしたいあいさつをしている人がいる。同じ言葉使いであっても，さわやかさや明るさ，あるいは気持ちの良さなどで，まねができたらいいなあと感じる人がいるだろう。そういう人を探して，まねをしてみるとよい。

そういう人のあいさつは，子どもに指導する際のポイントにしている"おかめ"（コラム①参照）はもちろんのこと，それを自分から行い，二言あいさつになっている。そして，常に相手への配慮をもち，かかわりをもとうとする態度が身に付いているはずである。こうしたモデルを探してみることが重要である。

5 保護者や地域住民へのあいさつ

　公立学校であれば，一定期間で異動がある。保護者や地域住民は，常に教師が入れ替わっている印象をもつことが多い。そうした状況では，まず教師自身を保護者に知ってもらう必要があり，初対面であれば，「こんにちは」の後に，「4月に異動してきました○○です」や「○年○組担任の○○です」，あるいは「○○さんの担任の○○です」といったように説明を加えるとよい。基本となるのは，相手に知ってもらうこと，さらにいえば相手に覚えてもらうことである。
　また，最初に会うのが何か問題があったことによる場合であれば，当然のことながら，あいさつはぎこちないものになったり，非友好的な雰囲気の中でなされることになったりするだろう。したがって，まずは子どもに関して好ましいこと，称賛できること，励ましてやってほしいことなどについて，保護者と面会できるのが理想である。
　一般に教師であれば，自分のあいさつの仕方について，最善ではなくても特に問題があると認識することはほとんどないかもしれない。しかし，ある事例では，地元の歴史ある伝統的な祭りで，そこを校区にもつ学校の教師が行事に参加したところ，祭りの世話役の年配者から「あいさつの仕方がなっていない」と注意を受けたという話がある。特に地域住民にとっては，学校は"敷居が高い"場所であったり，子どもが通っていなければ馴染みの少ない機関であったりする。あいさつは人間関係の基本であることを意識して，常により適したあいさつとなるように努力する必要がある。

■ エクササイズ ■■■■■■■■■■■■■■■■■■■■■■■■■■
【教師用】
① 日頃，次の人たちに"おかめ"のあいさつを自分からしているかどうかを，チェックしてみましょう。
　　□家族　□近所の住民　□子ども　□同僚教職員　□保護者　□来校者
② 次の場面では，どんなあいさつと言葉かけをするとよいでしょうか。
　　a．受け持ちの子どもが「次の日曜日にピアノの発表会に出る」と言っていた。その翌日の月曜日の朝，玄関でちょうどその子に会った。
　　b．修学旅行で子どもの引率をした教師と，代休明けに職員室で顔を合わせた。
　　c．運動会の前日の準備で，担任している子どもの父親が，"オヤジの会"のメン

バーとしてテント設営を手伝ってくれている。
　d．勤務校の給食調理員と，町のスーパーで偶然，出会った。
　e．週末に教職員の懇親会があり，とても楽しかった。翌週の月曜日の朝に，職員室でそのときの幹事役の教師と顔を合わせた。

【教職志望学生用】
① 日頃，次の人たちに"おかめ"のあいさつを自分からしているかどうかを，チェックしてみましょう。
　　□家族　□近所の住民　□指導教員　□同級生　□アルバイト先の人
② 次の場面では，どんなあいさつと言葉かけをするとよいでしょうか。
　f．何かのサークルで大きな大会に出た友人と，食堂で顔を合わせた。
　g．大学で，研究室のごみを廊下の決められた場所に捨てようとしたら，ちょうど回収作業の職員が片づけているところに出会った。
　h．卒論発表会の翌日，指導教員に廊下で出会った。
　i．同じコースの人が，おばあさんの葬儀で帰省していた後，学内で初めて会った。
　j．いとこの結婚式で，約10年ぶりに叔父に会った。

引用・参考文献

赤井誠生（1999）機能的自律性　中島義明ほか（編）　心理学辞典　有斐閣．

朝日新聞（2010）7年連続全員正社員に──福岡工高，目標定め磨く会話力　2010年10月30日朝刊．

バンデューラ，A.（編）原野広太郎・福島脩美（訳）（1975）モデリングの心理学──観察学習の理論と方法　金子書房．

イタール，J. M. G.（著）古武弥正（訳）（1975）アヴェロンの野生児　福村出版．

小泉令三（2011）子どもの人間関係能力を育てる SEL-8S ①　社会性と情動の学習（SEL-8S）の導入と実践　ミネルヴァ書房．

第1章 あいさつ

■ ■ ■ コラム① ■ ■ ■

小中学生対象の SEL-8S での"あいさつ"

■ ユニットの配置

　SEL-8S プログラムでは，図1に示したような"おかめ"が小1〜中3をとおしてのあいさつのポイントとなっている。あいさつの学習は，発達段階や日常生活場面の変化に合わせて，表1のように計画されているが，すべて"おかめ"が使用されているため，児童生徒は一貫したフレーズを使用することになる。そして，「『おかめ』のあいさつは自分から」（小学校高学年：A8）というように自発性が加わったり，あいさつに続く自己紹介を学んだりする（中学校1年生：A1）というように，学びが深められていく。

図1　"おかめ"のポスター

　こうした学習が学校全体で進められ，また保護者に学級通信などで依頼して，家庭での取り組みも加われば，子どもを取り巻く環境全体にわたっての指導となるため，その教育的効果は非常に大きくなる。
　なお，学校によっては「○○では，立ち止まって」や「言葉の後に，お礼をする」のように，独自のルールややり方を決めていることもある。それぞれのやり方との調整を図ったうえで，一貫した指導となるようにすると大きな効果を期待できる。

■ 基準を明確に

　あいさつの指導の際には，単に「あいさつをしよう」や「あいさつをしなさい」だけでなく，具体的に"誰に"，"いつ（どのような状況で）"，"どのように"あいさつするのかを明確にしておく必要がある（本文の「あいさつの難しさ」参照）。
　例えば「学校で出会う大人の人は，先生以外はすべてお客さんです。ですから，知らない人に（誰に），学校の廊下や職員室で出会ったら（どのような状況で），自分からあいさつしよう（どのように）」といった具合である。あるいは"どのように"の部分はさらに詳しく，

表1 "あいさつ"のユニット

学　年	ユニット名	重要な気づきやコツ
小学校 低学年	(A1) あいさつ 「おはようございます」	・友だちや先生へのあいさつの大切さを知る。 ・"あいさつのポイント"（姿勢，視線，声の大きさ，言葉の明瞭さ）を知る。 ・"あいさつのポイント"を押さえたあいさつができる。
小学校 中学年	(A5) あいさつ 「おはよう，こんにちは，さようなら」	・家庭や地域社会でも，あいさつが大切であることを知る。 ・"あいさつのポイント"（姿勢，視線，声の大きさ，言葉の明瞭さ）を押さえたあいさつへの意欲が高まる。
小学校 高学年	(A8) あいさつ 「こんにちは」	・学校行事や学習活動で会う人に対する自分のあいさつの仕方を振り返り，改めるべき点に気づく。 ・あいさつの改善点を実行に移そうとする努力を始める。
中学校 1年生	(A1) 同級生へのあいさつ 「どうぞよろしく」	・さまざまな場面で自己紹介をすることの大切さを知る。 ・"自己紹介のポイント"を身につけ，適切な自己紹介ができる。
中学校 3年生	(A5) 下級生や大人へのあいさつ 「状況に応じたあいさつ」	・下級生がスムーズに活動になじめるように上級生としてリードしなければならないことに気づき，それに適したあいさつや言葉かけができる。 ・初対面の大人に対して，"自己紹介のポイント"をおさえたあいさつができる。

注：「ユニット」とは授業，「A1」はユニットの整理番号を表す。表序-5，表序-6参照。

「1限目の休み時間までは『おはようございます』，それから後は『こんにちは』とあいさつしよう。帰るときに出会ったら，『さようなら』です」といった指導である。このように指導すると，指導者が子どもに求めている行動が具体化し，したがって，ほめたり注意をしたりする際も基準が明確になる。

　学校で，研究発表会など何か大きな行事がある日は，教師は「今日は，他の学校からたくさんの先生方が来られる。大きな声でしっかりあいさつしよう」と指導するであろう。そういう日は，学校内で会う人はすべて他校の教師だとわかるので，子どもはこぞって元気なあいさつをする。しかし，通常の日であれば，廊下で出会っても誰なのか見当がつかず，どうしようという戸惑いが生じる。日頃から，どういう行動が教師の求めるあいさつなのかを明示しておくとよい。

　なお，来客の多い日に子どもにあいさつを意識させるのはよいが，子どもによっては，"教師から指導があった日は，あいさつをしよう。指導がない日は，特にあいさつする必要はない"という捉え方をする可能性もある。ちょうど，来客のある日は家の中を掃除し整理整頓するが，そうでない日は乱雑な家のようなものである。突然の訪問客があると，その家の日常生活の実態が露呈することになる。日頃から掃除と整理整頓をしておくのが理想である。同様に，日常的に具体的なあいさつの指導をして習慣化しておけば，特に来客のある日は「今日はお客さんがたくさん来られる。いつもどおりに，きちんとあいさつをしよう」という注意になるであろう。日常的に有効な指導をする必要がある。

A 基本的生活習慣
第2章　時間と金銭の管理

　多くの人が，慌ただしい毎日を過ごしている。教師も例外ではなく，日本の教師は全世界の教師の中で最も忙しいといわれている。残業や持ち帰り仕事に加えて，休日出勤など休みを取ることもままならない現状がある。また，日本を取り巻く社会情勢は不安定であり，将来を楽観することは難しい。長い人生を送るうえで，自己管理すべきものとして，時間，金銭，物の3つがあるが，この章では，時間と金銭の管理について考える。まず，時間と金銭管理の重要性について述べる。そして，時間と金銭管理におけるポイントを説明する。いずれにおいても，長期的な目標を見据えて，中期・短期の目標を設定し，管理することが大切である。具体的な時間管理のポイントでは，To Do リストの作成，自分の傾向の把握，余裕をもった計画などがあげられる。また，金銭管理のポイントでは，1か月の収支の把握，クレジットカード払いへの留意，項目別の管理などがあげられる。ただし，時間と金銭の管理方法には個人差があり，ここで説明することは一例に過ぎないことをあらかじめ伝えておく。

1　時間と金銭管理の重要性

☐ 時間管理の重要性

　日本の教師は忙しい。OECD 国際教員指導環境調査（国立教育政策所，2014）によれば，日本の中学校教師の1週間あたりの勤務時間は約54時間であり，34の加盟国および地域の中で最長となっている。参加国平均の約38時間と比べると，実に約1.4倍の勤務時間である。また，日本の労働基準法で定められている法定労働時間が週40時間であることを考えると，日本の教師の時間外勤務が常態化していることがうかがえ

る。実際に，教師の多くが，「授業準備をする時間が足りない」ことや「仕事に追われて生活のゆとりがない」といった時間の悩みを抱えていることも明らかとなっている（HATOプロジェクト，2016）。教師は，重要な授業準備に時間をかけて，子どもたちと向き合いたいと思っているが，その他の事務的な業務や課外活動の指導などに時間を取られているのが実情である。平日の残業に加えて，持ち帰りの仕事や休日出勤もあるため，休日の楽しみや休息が十分に取れていない教師も少なくないだろう。

☐ 金銭管理の重要性

　大手企業であっても衰退や倒産が現実となる現代は，今後の動向が予測しづらい情勢となっている。公立学校の教師であれば，突然退職に追い込まれる可能性は低いが，給与の削減がある場合も考えられ，必ずしも安定した給与形態が続くとは断言できない。また，年金受給開始年齢の引き上げや年金給付額の削減などが検討されている中では，真面目に働いていれば，退職後は安心して生活できるというわけではなくなっている。そのため，計画的な金銭管理が求められる。何十年も先の老後の話だけではなく，結婚や出産などによるライフスタイルの変化に対応できるように，また，友人の結婚式，親類のお葬式，家の修繕費，車の税金，家電の買い替えなど，突然の出費にも対応できるように，ある程度の計画的な貯蓄が求められる。

　学生時代は，アルバイトなどで稼いだお金は自分のおこづかいとして使うことができたかもしれない。しかし社会人になると，上に述べたように将来を考えて金銭管理をする必要がある。税金や保険料，車の維持費などの支払いも稼いだお金の中でやりくりしなければならない。社会人になると，アルバイトでは稼ぐことのできない金額を手にすることとなるだろう。さらに，ボーナスなどがある場合は，一度に大きな金額を手にすることとなる。しかし，学生時代の感覚のままにお金を使ってしまうと，あっという間にお金が無くなってしまう。社会人になると，その日に稼いだお金はその日のうちに使うというような"宵越しの銭はもたない"江戸っ子気質で，後先考えない出費をすることは慎まなければならない。

☐ 管理方法の個人差

　時間もお金も有限であるため，上手に使わなければ後悔することがある。後悔せずによりよい人生を送るためには，時間とお金の無駄を省いて，自分にとって重要な事柄を見極めることが重要となる。つまり，時間やお金をかけてもよい事柄を見極め，

なるべく時間やお金をかけなくてもよい事柄については，無駄遣いがないように計画することである。

以下の節では，具体的な方法を説明する。ただし，人生の過ごし方は人それぞれであるため，時間やお金の使い方も人それぞれである。これから説明する方法のすべてがすべての人に当てはまるとは限らない。もし，時間やお金の使い方を改善したいということがあれば，これらの方法を積極的に試行し，自分に適した方法を見つけてもらいたい。

2 教師としての時間管理

☐ 5年後を想像する

時間管理の本当の目的は，よりよい人生を送ることである。よりよい人生を送るためには，仕事とプライベートが充実していることが求められる。そこでまず，考えなければならないことは，自分の理想の姿である。与えられた仕事をこなすだけでなく，理想の自分に近づくことを目標とするのである。

例えば，5年後にどのような人生を送っていることが理想的であろうか。仕事面ではどうであろうか。教師として，どのような役割を担い，どのようなスキルを身に付けているだろうか。同僚，子ども，保護者からどのように評価されているだろうか。それから，プライベートはどうであろうか。どのような人間関係を築き，趣味や社会活動など，どのような休日を過ごしているであろうか。

5年後の姿を想像したら，次は1年後の姿である。5年後の姿に向けて1年目は何をすべきだろうか。また，1年後にどのような人生を送っているであろうか。このように，まずは長期の目標を立て，その後1年間の目標を考えてみよう。1年間の目標が決まれば，月間の目標が決まる。すると，この1週間の目標を具体的に考えることができるだろう。

例えば，5年後に英語が話せるようになっているという目標を立てたとする。その目標を達成するための具体的な数値の目安として，TOEIC800点という目標を立てた場合，1年目の目標はTOEIC600点と設定することができる。それにともない月間目標として，2か月に1回試験を受験するなどの目標を立てる。すると週間目標では，問題集の1単元を解くというように設定することができる。

5年後の姿といっても，なかなか想像できない場合がある。その場合は，モデルと

なる教師を探してみるとよい。モデルとなる教師になるためには，何が必要なのかを考えていくと，目標が明確になることがある。

　こうした目標設定は，定期的に進捗状況を確かめながら変更することが望まれる。

☐ 時間管理のポイント

　将来設計をしたうえで，1か月，あるいは1週間単位でスケジュールを考えることになる。以下には，スケジュール管理をするうえでのポイントを説明する。

　① To Doリストの作成

　計画を立てるためには，まず自分が抱えている仕事を把握することが重要である。一度視覚化するために，"To Doリスト"を作成することなどが求められる。1枚の付箋にひとつの仕事を書いて，パソコンのディスプレイの横などの見える位置に貼る方法や，小さなホワイトボードに書き出す方法などがある。教師の場合は，机やパソコンの前に長時間座っていることが少ないため，記録簿や日誌，手帳などに"To Doリスト"を書き出したり付箋を貼ることもできる。仕事が終わるたびに付箋をはがすことで，ちょっとした達成感が得られることもメリットである。その他，"To Doリスト"の管理ができるスマートフォンのアプリを活用することも有効である。

　抱えている仕事が大きい場合は細分化するとよい。例えば，研究授業の準備をする場合，指導案作成，教材準備，学習に関する保護者への協力依頼の作成，などのように用件が細分化できる。ひとつの仕事が大きいと取りかかる覚悟が必要になるが，仕事の用件を細分化し，1つひとつの仕事を小さくすると取りかかりやすくなる。

　② 自分の傾向の把握

　自分の仕事における傾向を把握することが重要である。具体的には，疲れていてもできる得意な仕事と，元気があるときしかできない不得意な仕事の把握である。不得意な仕事は時間がかかったり，はかどらなかったりすることがあるので，十分な時間を取り，比較的落ち着いて仕事ができる時間に予定を入れるなどの工夫が必要となる。

　③ 他者が関係する仕事を優先

　仕事の優先順位を決定する基準のひとつとして，他者が関係するかどうかがあげられる。学年団やPTAの仕事などでは，さまざまな人がかかわっている。自分の仕事が先延ばしになると，次に仕事をする同僚や保護者の予定にも影響を与えてしまう。

　④ 余裕をもった計画

　教師は子どもの指導や保護者との対応など自分ではコントロールできない仕事が多い。そのため，締め切りの間近にまとめて仕事をしようとしても，突然子どもの指導

をしなければならず，思うように進められないことがある。計画は余裕をもって行うことが重要であると同時に，余裕のある間に仕事を進めておく習慣をつけるとよい。スケジュールを立てる際には，飛び込みの仕事に対応できる時間を1日30分～1時間程度取っておくことをお勧めしたい。

　⑤　突然の空き時間を大切にする

　1日のスケジュールを決定しても予定どおりに進まないこともある。特に，子どもの指導や保護者対応などは時間を予測することが難しい。時間超過する場合もあるが，早く終わることもある。そのようなときに，次のスケジュールまでにできる仕事を準備しておくとよい。例えば，あまり締め切りに追われていない学級通信の構想であったり，短時間でできる小テストの採点などがあるだろう。

　⑥　仕事にかかる時間感覚をつかむ

　スケジュールを組むうえで重要なのは，仕事遂行にかかる時間を適切に予測できることである。例えば，保護者宛てのプリントを40人分封筒に入れる仕事がある場合，所要時間はどのくらいであるか考える。全工程には，プリントの印刷，封筒の準備，プリントの3つ折り，プリントの封入などの作業がある。これらの作業がどのくらいかかるのか予測できると，空き時間を削減することができる。こうした感覚は，毎日の仕事の中で意識して情報収集するとよい。

　⑦　最善を尽くすためのルール決め

　毎日の授業準備や授業研究には際限がない。研究授業などがあると，あれもこれもと欲張ってしまうことがある。場合によっては，持ち帰り仕事をしたり，休日返上で準備をすることもある。こうした姿勢は教師として重要であるかもしれないが，一方でプライベートを充実させることや休養をとることも大切なことである。休日に休みを取るために，例えば「土日のうち，どちらか1日は仕事をしない」などのルールを決め，その時間の中でベストを尽くすことが重要である。こうしたルールを決めることで，集中して仕事に取り組めることになる。

3　教師としての金銭管理

☐ 将来を考える

　金銭管理においても将来を考えておくことは重要である。将来を考えずにお金を使うことの危険性は第1節で説明したとおりである。まず20年後の自分を考えてみよう。

20年後にどのような生活をしているとよいだろうか。家庭環境，住環境，車の所有，欲しい物についてあまり大きな将来を描くのではなく，現実的な将来を考えてみてもらいたい。

定年を迎えるまでに貯蓄しておくとよいとされる金額は2000～3000万円といわれている。これは退職金を除いた金額である。これから就職する学生であれば，一般的に定年とされる60歳までに約35～40年くらいの期間がある。その間に3000万円を貯蓄する場合，毎月いくら貯金したらよいのであろうか。38年間働いたと仮定すると，3000万円の貯蓄を蓄えるためには，毎月6.6万円の貯金が必要となる（3000万円÷（38年×12か月））。貯蓄を開始する時期が遅れるとその分，1か月の貯蓄額は高くなっていく。収入にはボーナスも含まれるが，家や車の購入費，旅行代，子どもが大学に通う教育費や1人暮らしなどの生活援助などを考えると，貯蓄額はより一層計画的に考える必要がある。

将来を想像したうえで，1年間の目標を立ててみよう。例えば，1年で100万円貯金するなどの目標を立てると，ボーナス等を考慮して1か月の貯蓄額を決定することができる。

☐ 1か月の収支を把握する

1か月の貯蓄額が決定したら，達成するための計画を立てる。そのためには，まず1か月の収入と支出を把握しなければならない。現在，水道光熱費や通信費なども含め，クレジットカード払いが多くなり，どのような用途にいくらお金を使ったのかを把握するのが難しくなっている。1か月の支出を把握するためには，2～3か月分の支出を項目別に記録するとわかりやすい。そして，目標とする貯蓄額に到達できない場合や無駄遣いがある場合は，何を削減するのかを検討することが重要である。特に，交際費や娯楽費などのこづかいの項目は，比較的調整しやすい。

1か月の支出の収入に対する割合は，家族構成や専門家の見解によっても異なるが，およそ食費15～20％，住宅費20～30％，こづかい10～15％となっており，貯蓄10％以上が設定されている。表2-1に一例を示す。自分の収支と，表2-1に示す割合を比較し，大きな乖離がある場合は支出を抑えるなどの検討をするとよいだろう。

☐ 重要な項目を見極める

限られた収入の中で，全項目に十分な出費ができるわけではない。反対に，全項目

表2-1　1か月の支出の理想的な割合

(単位：％)

項　目	夫婦と小学生以下の子どもがいる場合	1人暮らしの単身者の場合
食　費	13.0	15.0
住宅費	23.0	30.0
水道光熱費	4.5	6.0
通信費	5.0	4.0
医療費	1.5	1.5
教育費	5.0	3.0
交通費（自動車関連費含む）	6.0	3.5
保険料	5.5	1.5
被服費	3.0	2.5
生活日用品費	2.0	2.0
こづかい（交際費，娯楽費，嗜好品代含む）	15.5	9.5
その他	3.0	4.5
貯　蓄	13.0	17.0
支出の合計	100.0	100.0

出所：横山（2016）をもとに筆者作成。

を切り詰めることも難しい。そこで，自分にとって重要な項目と節約できる項目を考える必要がある。重要な項目については必要な計画を立て，節約できる項目については切り詰めていくとよい。ただし，職場での懇親会費などは，コミュニケーション上重要であるため，最低限の会合には出席できるようにすることをお勧めしたい。

☐ クレジットカード払いに気をつける

　最近は，ネットショッピングが隆盛した影響もあり，手軽さや利便性の高いクレジットカードによる支払いが増えてきた。クレジットカードでの支払いは，支払いを一括で行う"一括払い"，返済回数を決めて支払う"分割払い"，毎月の返済金額を決めて支払う"リボ払い"の3種類の方法がある。

　現金を持ち合わせていない場合やネットショッピングなどで買い物をした場合には，"一括払い"で支払いをすることがある。結婚祝いや入院費用などが突然必要になる場合や，大きな買い物をする場合に"分割払い"を利用すると，生活レベルを維持しながら費用を支払うことができる。しかし，複数の買い物で分割払いをすると，毎月の返済金額が増えていくことがある。一方，"リボ払い"は，毎月の返済金額が一定なので，分割払いのように毎月の返済金額が増える心配はない。ただし，返済金額が

原則一定なので，複数の買い物をすると返済期間が延びてしまうため，金利手数料を多く支払うことになってしまう。

　いずれにしても，クレジットカードでの支払いは，財布からお金が減る様子が目に見えない。また，買い物をしてからお金を引き落とされるまでに1～2か月の期間がかかるので，買い物をしてもお金を使っていないような感覚に陥ることがある。そのため，予想以上の買い物をしてしまっていることがある。クレジットカードで買い物をした場合は，きちんと記録をしておくことが重要である。

☐ 目的別に支出を管理する

　支出の使途を明確にするために，項目別に管理するとよい。項目ごとに現金を袋分けして，そこからお金を支払うのである。スーパーでの買い物は食費の財布から，ドラッグストアでは日用雑費の財布から支払うというやり方である。こうすることで，項目別にどのくらいお金を使っているかがわかりやすいだけでなく，今月の残金が一目瞭然である。また，前払い式のプリペイドカードを使って，毎月一定額を課金し，その中でやりくりする方法もよいだろう。クレジットカードによる支払いが多く，現金を袋分けして管理することが難しい場合は，領収書や支払い記録を項目ごとに集めるとよい。支払い記録は，大まかな金額がわかればよいので，ネットショッピングをした際に，メモ用紙に記録して管理しておくだけで十分だろう。

　貯蓄も同様に，あらかじめ分けておくとよい。つまり，お金が手元にあると使ってしまう可能性があるので，1か月の給料が支払われた段階で，すぐに貯蓄用の通帳に移しておくのである。1か月生活して余ったお金を貯蓄するという考え方では，いつまでたってもお金は貯まらない。

☐ 衝動買いをしない

　金銭管理をするうえでの難敵は，衝動買いである。その場の気分で買い物をしてしまい，後で後悔することはないだろうか。最近ではインターネットショッピングが普及し，ますます衝動買いをしてしまう危険性が高くなっている。

　売り手は何とか商品を買ってもらおうと考え，さまざまな工夫をする。例えば，"○割引き""期間限定""数量限定""セール"という表示などである。通常価格よりも安く販売していると，「ちょっと買ってみようかな」と思ってしまう。それが期間限定，数量限定ともなると考えている暇はない。「今のうちに買っておかないと，他

の人に取られてしまうかもしれない」という思いから購買意欲をかきたてられる。また，100円均一などの店は，100円という気軽な感覚からついつい無駄遣いをしてしまいがちである。売り手はこうした消費者の心理を刺激しているのである。

"安物買いの銭失い"という言葉もあるように，いくら安い商品であっても欲しくない物を買ってしまえば，無駄遣いである。物を購入する前には，本当に必要なのかをよく確かめなければいけない。必要な物であれば，安物ではなくよい品質の物を購入して，長く使えばよいのである。

■ エクササイズ ■■■■■■■■■■■■■■■■■■■■■■■■■■■■■

表2-2　1か月の理想と実際の支出，および今後の支出の目標

項　目	理　想	実　際	今後の目標
食　費	円	円	円
住宅費	円	円	円
水道光熱費	円	円	円
通信費	円	円	円
医療費	円	円	円
教育費	円	円	円
交通費（自動車関連費含む）	円	円	円
保険料	円	円	円
被服費	円	円	円
生活日用品費	円	円	円
こづかい（交際費，娯楽費，嗜好品代含む）	円	円	円
その他	円	円	円
貯　蓄	円	円	円
支出の合計	円	円	円

【教師用】
① 5年後の姿を想像しましょう。
　　a．職場での姿（　　　　　　　　　　　　　　　　　　　）
　　b．プライベートでの姿（　　　　　　　　　　　　　　　　　　　）

②　1年間の目標を立てましょう。
　　a．仕事に関する目標（　　　　　　　　　　　　　　　）
　　b．プライベートでの目標（　　　　　　　　　　　　　）
③　1か月の支出を確認して，表2-2に書き込んでみましょう。
④　表2-1の理想的な割合と比較して，今後の目標を表2-2に書き込んでみましょう。

【教職志望学生用】
①　5年後の姿を想像してみましょう。
　　a．職場での姿（　　　　　　　　　　　　　　　　　　）
　　b．プライベートでの姿（　　　　　　　　　　　　　　）
②　1年間の目標を立てよう。
　　a．仕事に関する目標（　　　　　　　　　　　　　　　）
　　b．プライベートでの目標（　　　　　　　　　　　　　）
③　自分のこづかいについて1か月の支出を確認して，表2-2に書き込んでみましょう。
④　表2-1の理想的な割合と比較して，今後の目標を表2-2に書き込んでみましょう。

引用・参考文献
HATOプロジェクト（2016）教員の仕事と意識に関する調査　愛知教育大学.
国立教育政策所（編）(2014) 教員環境の国際比較──OECD国際教員指導環境調査（TALIS) 2013年調査結果報告書　明石書店.
栗田正行（2014）効率が10倍アップする！「時間」を生み出す教師の習慣　東洋館出版社.
総務省情報通信政策研究所（2014）高校生のスマートフォン・アプリ利用とネット依存傾向に関する調査報告書（http://www.soumu.go.jp/main_content/000302914.pdf).
Teacher's Skills Lab（2015）多忙感をスッキリ解消！「できる教師」の仕事術 時間を生み出し成果を上げる31の技術と習慣　明治図書出版.
横山光昭（監修）(2016) 1年で100万円貯められるゆる貯め家計　リベラル社.

コラム②
小中学生対象の SEL-8S での "時間と金銭の管理"

■ 子どもの時間管理

　時間管理を考えるうえで，喫緊の課題は，子どものスマートフォン利用の問題である。スマートフォンを中心とした通信機器の発展によって，いつでもどこでも動画を視聴したり，ゲームをすることが可能になった。それにより，子どもたちのスマートフォンの使用時間が増加している。それと引き換えに，勉強時間や睡眠時間は減少している（総務省，2014）。子どもたちには，目先の誘惑に惑わされず，目標達成に向けた時間の自己管理ができるようになってもらいたい。

　そこで，A「基本的生活習慣」領域では，表1にあるように，中学校で（A3）「時間を大切に」を設定し，スケジューリングの重要性について学習する。具体的には，スケジューリングにおいては，①やるべきことの確認，②使える時間の確認，③余裕のある計画，④見直

表1　"時間管理" および "金銭管理" のユニット

学年	ユニット名	重要な気づきやスキル
小学校 高学年	（A9）金銭管理 「おこづかい」	・こづかいなど自分の金銭の使い方を振り返る。 ・計画性をもった金銭管理と使用方法（目標，商品の選び方，予算，購入場所の決定，購入後の評価）を知る。 ・適切な金銭管理と使用方法実行の意欲が高まる。
中学校 2年生	（A3）時間管理 「時間を大切に」	・自分の生活を振り返り，時間を管理することの重要性に気づく。 ・自分で（1週間程度の）スケジュールを立てて，計画どおりに実行できるようになる。
中学校 3年生	（A6）金銭管理 「"見えないお金" の使い方」	・電子マネーの仕組みや使用上の留意点（リスク，管理方法など）を知る。 ・売買契約における消費者としての果たすべき義務と権利について理解し，消費者としての自覚をもつ。
中学校 2年生	（G2）進路選択 「私の "夢"」	・自分自身の目標（ゴール：なりたい職業）を設定し，目標達成の手順に沿って必要な情報を調べ，"進路決定プロセス表" を完成させる。 ・目標に変更があった場合も，プロセス表に沿って考えることで，目標に近づくことができることを知る。
中学校 3年生	（G3）進路決定 「私が進む道」	・進路決定プロセス表の修正を適宜行うことができる。 ・目標達成に向けて "スケジュールの確認" "生活リズムの調整" "苦手科目の克服" に取りかかる。

注：「ユニット」とは授業，「A9」はユニットの整理番号（小中で別々）を表す。表序-5，表序-6参照。

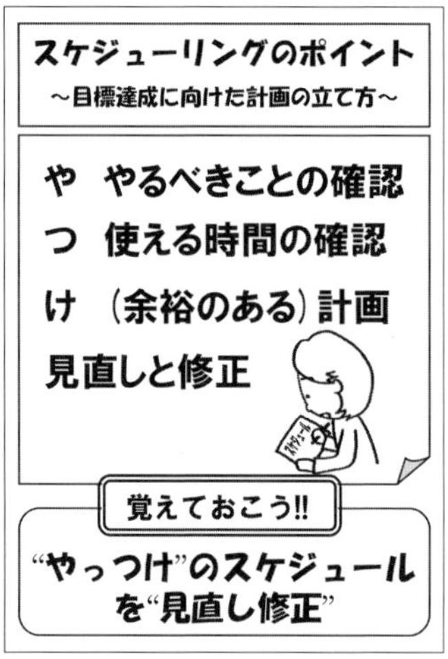

図1 "スケジューリングのポイント"のポスター

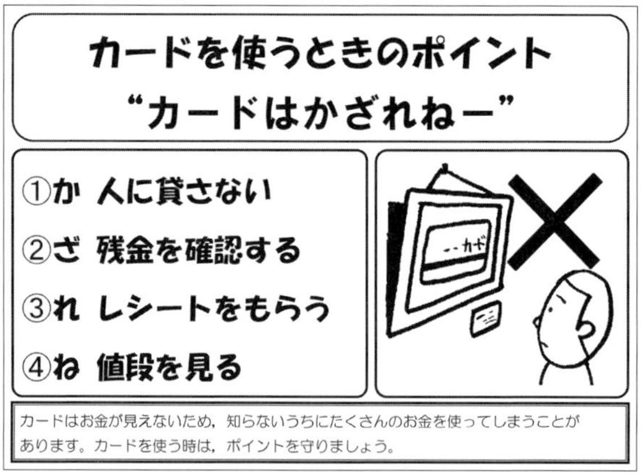

図2 "カードを使うときのポイント"のポスター

しと修正のポイントが大切であることを学び、実際にテスト前の1週間の計画を立てる（図1）。

ユニットの中では、1週間先のテストに向けた時間管理を学習するが、こうした経験が中学・高校受験に向けた計画や将来設計といった中長期的なライフプランニングの土台となっていく。実際に、G「進路」の領域では、これからの進路の選択および決定のための学習を行う。(G2)「私の"夢"」では、将来の目標を達成するための道筋を考え、(G3)「私が進む道」では、将来の目標達成に向けた計画立案について学ぶ。

■ 子どもの金銭管理

金銭管理は、小学校と中学校でそれぞれ1ユニットずつ設定されている。小学校高学年の(A9)「おこづかい」では、自分のおこづかいの使い方を知り、計画的な金銭管理と使用方法への意欲を高めることがねらいとなっている。中学校の(A6)「"見えないお金"の使い方」では、プリペイドカードやクレジットカードの特徴を理解し、カードを使う際に気をつけることについて学ぶ（図2）。

お金の価値や金銭感覚については、家庭でのこづかいや手伝いの経験によって少しずつ培われていくと考える。しかし近年、プリペイドカードやお財布ケータイ、インターネットショッピングなど新しい買い物の仕方が広まり、子どもであっても紙幣や硬貨を使わない買い物をする機会が増えてきた。こうした中で、子どものうちからお金について考える経験が重要になっており、金銭教育という言葉を聞くようになっている。

B 自己・他者への気づき，聞く
第3章 自己理解

　自己理解は，今の自分についての理解から始まり，成長の方向性や自己評価にとって大きな影響を及ぼす。まず，「自分らしくありたい」という自己実現の欲求と，アイデンティティーについて説明する。そして，自分について考える視点としての"客体としての自己"と"主体としての自己"を説明する。これらを読んで，現実的な存在である自分の全部が自己であることを納得していただけると幸いである。そして，20答法やジョハリの窓といった自己理解の方法を紹介する。最後に，教師としての自分を対象化する方法と，そこで得られた情報をもとに，自分の課題を克服したり，長所を伸ばしたりすることで，教師としての成長を促す技法について説明する。現在の自分から出発して，より自分らしい，目標とする自己に出会えることを期待したい。

1 自分を理解することの大切さ

☐ 自己実現

　人間のさまざまな欲求や動機を分類した考えのひとつに，マズローの欲求階層説がある（図3-1）。この考えによれば，生理的欲求，安全の欲求，愛と所属の欲求，承認欲求，そして，これらの欲求が満たされたとしたら，最後に私たちが求めるものは「自分らしくありたい」という自己実現の欲求になる。

　生理的欲求から承認欲求までは，何か食べたいとか，危険なことを避けたいとか，他者から受け入れられたり認められたりしたいとか，その内容はほとんど個人差のないものばかりである。しかし，自己実現の欲求，すなわち"実現しようとする自分"は，人によってかなり異なる。

図3-1 マズローの欲求階層
出所：Maslow（1943）をもとに筆者作成。

　元気な笑顔で子どもから親しみをもたれる教師か，少し怖がられても子どもの努力を引き出す教師か，授業改善を続けてわかる喜びを子どもに与え続ける教師か，「自分らしさ」が発揮された姿についてのイメージや目標は，これからの自分をどのようにスキルアップしていくのかの大切な道標となる。

☐ 自分らしさとアイデンティティー

　「あなたの自分らしさを教えてください。」
　この問いに戸惑いもなく答えられる人は少ないだろう。私たちは「自分らしくありたい」と願いながらも，"自分らしさ"について自信がないという気持ちもある。
　私たちは，さまざまな人間関係の中で，さまざまな役割を担っている。例えば，新採用の教師の場合について考えてみよう。教室においては，子どもたちにとってクラス担任の先生という役割を担っている。また，保護者にとっても同じ役割を担っているが，その振る舞い方は明らかに異なる。同じことを伝える場合でも，相手が子どもか，保護者かによって，異なる表現を使うことが多い。さらに，同僚の教師との関係でも教師という役割を演じることになるが，そこでの振る舞い方は，子どもや保護者に対するそれとは異なることが多い。さらに，学校以外の人間関係にまで広げると，（自分の）親子関係における親や子という役割や，友人関係における友人としての役割，趣味のサークルやクラブではその会員という役割など，数えるときがないくらいの役割を担っていることに気づくだろう。

パーソナリティ（人格）という言葉は，ギリシャ語のペルソナという語が語源だといわれている。ペルソナとは劇中の登場人物がつけていたお面のことなので，パーソナリティは劇の中で与えられた役割と言い換えることができるかもしれない。私たちは，人生や生活という劇の中でさまざまな役割を演じており，それらの役割が空間と時間を超えてまとめ上げられ，アイデンティティー（自己同一性）が確立されると考えられている。

"自分らしさ"とは，私たちが担っている役割の総体の特徴であるかもしれない。もしそうであるのなら，"自分らしさ"は，今まで自分が担ってきた役割や今担っている役割，そして，これから担おうとしている役割を，どのように演じてきたか，あるいは，演じていくのかについて考えることで，見つけることができるだろう。

2 自己に関する諸概念

客体としての自己と主体としての自己

自分について考えるとき，対象化されている自分と，その自分について考えている自分がいる。対象化されている自分のことを"客体としての自己"，考えている自分のことを"主体としての自己"と呼ぶ。また，見るという言葉を使って"見られる自分"と"見る自分"と表現したり，評価するという言葉を使って"評価される自分"と"評価する自分"と表現したりすることもできる。

"客体としての自己"と"主体としての自己"は，本当に区別して扱えるのかという議論はあるが，自分を理解しようとする際には，役に立つ視点を提供してくれる。例えば，ある人が研究授業を終えて「今日の授業は失敗だった」と反省している場合，発問の順序の間違いや授業時間をオーバーしてしまったことは"客体としての自己"に関する内容であり，それらのミスがあったことで「失敗だった」と反省しているのは"主体としての自己"に関する内容になる。これらの2つの自分に関する考えを峻別することが，自分のことを整理することに役立つのである。私たちは，「自分に厳しい」とか「自分に甘い」とかいう言葉をよく使うが，これは"主体としての自己"が行っている評価であり，"客体としての自己"のパフォーマンスとは区別して考える必要があることを示唆してくれる。

☐ 20答法

"20答法"と呼ばれる心理検査では，「私は誰だろうか（Who am I?）」という問いに対して，「私は……」という20とおりの回答が求められる。そして，その回答内容を分析することで，自己概念（自分のことをどのように認識しているか）を検討することができると考えられている（大野，1992）。

一般的には，私たちは，「私は○○小学校に勤務している」とか，「私は○○町に住んでいる」とか，まず客観的な事実を答えることが多い。年齢や性別，職業，血液型，家族構成，所属グループなどが典型的な例で，客観的な事実であることから（ほとんどの人から肯定されるという意味で）"合意反応"とも呼ばれている。続いて，「私はやさしい」とか，「私は背が高い」とか，主観的判断による内容が回答される。性格や身体的特徴，気分，興味，好み，信念などが典型で，主観的判断を含むことから（必ずしも肯定されるとは限らないという意味で）"非合意反応"と呼ばれている。

そして，合意反応から非合意反応に変わる位置をローカス・スコアと呼んでおり，ローカス・スコアが高い人（合意反応が多い人）ほど安定した自己概念をもっていると考えられている。一方で，ローカス・スコアが低い人（非合意反応が多い人）は，他者との比較によって自己を捉えたり，"客体としての自己"と"主体としての自己"を区別して自己を捉えたりする傾向が強いと考えられている。

私たちの自己概念は，自分自身の目を通して把握されている側面と，他者や社会の目を通して把握されている側面から構成されていると考えられる。

☐ ジョハリの窓

"ジョハリの窓"と呼ばれる自己分析の方法がある（図3-2）。この方法では，4つ窓から，それぞれ違った自分が見えると考えられている。ひとつ目の窓からは，自分も他人も知っている"公開された自己（open self）"が見えるので"開放の窓"と呼ばれる。2つ目の窓からは，自分は知っているが他人は知らない"隠された自己（hidden self）"が見えるので"秘密の窓"と呼ばれる。3つ目は，"自分は気づいていないが他人から見られている自己（blind self）"が見られる"盲点の窓"である。そして，4つ目が"（自分も含めて）誰も気づいていない自己（unknown self）"が見られる"未知の窓"である。

自分では気づけていないが他人から見られている自己を教えてもらうことは，新しい自己との出会いに他ならない。私たちは，他者との交流によって，自己の多面性を

第3章 自己理解

	自分は 気づいている	自分は 気づいていない
他者は 気づいている	"開放の窓" 自分も他人も知っている自己（open self）	"盲点の窓" 自分は気づいていないが他人から見られている自己（blind self）
他者は 気づいていない	"秘密の窓" 自分は知っているが他人は知らない自己（hidden self）	"未知の窓" 誰も気づいていない自己（unknown self）

図3-2　ジョハリの窓
出所：Luft & Ingham（1955）をもとに筆者作成。

豊かにすることができる。また，誰からもまだ知られていない自己という，未知の自分がいるとなると，私たちの自己理解にはゴールはないのかもしれない。

□ エゴグラム

　SEL-8Sでは，中学生の自己理解を促進する方法として，エゴグラムという心理検査が紹介されている（本章コラム参照）。まず，50項目の質問に答え，厳しい親（CP），やさしい親（NP），合理的な大人（A），自由な子ども（FC），人に合わせる子ども（AC）の5つの特性のそれぞれを得点で表して，自分がそれらの特性をどのくらいもっているのかを判定する。そして，その結果をもとに，自分らしさを再確認したり，新しい自分に気づかせたりすることを意図している。
　特に，新しい自分に気づかせるために，各特性の得点が高い場合だけでなく，低い場合の特徴も紹介されている。そして，それぞれの特徴は，見方によっては，長所にもなれば短所にもなることに気づかせることをねらっている。
　例えば，厳しい親（CP）の得点が高い人の長所として，責任感が強かったり，真面目であったりするという特徴がある。一方で，この得点が低い人は，おおらかであったり，柔軟性があったりすることが紹介されている。また，それぞれの短所として，得点が高い人は頑固なところがあったり，低い人は自信がなく優柔不断なところがあったりする。私たちの長所と短所は，案外，同じ特徴の表と裏の関係なのかもしれないことに気づくように工夫されている。表3-1は，エゴグラムにおける5つの性格得点が表す性格特徴を表している。「いい所」と思われている性格であったとしても，気をつけなければならない特徴（「反対に……」）があることを伝えて，多面的な自己理解を促すことが意図されている。

表3-1 エゴグラムの特性得点が表す性格特徴

特性	特徴	この部分が高い人		この部分が低い人	
		いい所	反対に……	いい所	反対に……
CP	厳しい親	責任感 真面目 自信	頑固になってしまうことも……	大らか 柔軟性がある 寛容	自信がなく，優柔不断と思われることも……
NP	やさしい親	やさしい 世話好き 思いやり	おせっかいになることも……	さっぱり 個人を尊重	冷たい人と思われることも……
A	合理的な大人	冷静 理性的 論理的	理屈っぽいと思われることも……	人間味がある 情緒豊か	感情に流されやすく，無計画なことも……
FC	自由な子ども	表情が豊か ムードメーカー	気まぐれで，わがままと思われることも……	物静か おとなしい 控えめ	消極的と思われることも……
AC	人に合わせる子ども	協調性 がまん強い	ストレスをため込みやすいことも……	自主的 気楽	自分勝手と思われることも……

出所：林（2003），桂ほか（1999），岡本（2008）をもとに筆者作成。

3 自己理解の発達

他者と比較した自己理解へ

　20答法に対する回答の年齢的変化を紹介している柏木（1983）によれば，3歳頃の回答では，名前や持ち物が占める割合の多さに特徴があるが，5歳頃にかけて，「〇〇ちゃんは歯を磨けます」や「1人で眠れます」のように，どんな行為を自分ができるかといったことが占める割合が多くなる。そして，10歳以降では，「……ができる」とか「……に自信がある」といった自分の能力に関する記述の割合は一定の割合を維持しながらも，記述される内容（領域）が広範囲になるとともに，対人関係のもち方や，ものごとを自分が決定しているという自己決定意識などの記述が増えていく。私たちの自己意識は，知覚的・外面的なものによる把握から，内面的な特徴による把握に変化していくことが推測される。

　私たちは一般的に，年齢が高くなると，自分と他者を比較することが多くなり，その比較によって自己の特徴を捉えることが多くなる。

☐ 社会的比較

「私は背が高い」という判断をするためには，他の人との比較が必要になる。表現を変えると，「私は背が高い」という自己認識をもっていたとすれば，それは他者との比較を行った結果，そのような認識をもったことを意味する。このように，他者との比較によって自己評価をすることを社会的比較と呼ぶ。「私は他人に親切である」とか，「私は辛抱強い」とか，内面的な特徴を評価したということは，必ずその前に，親切さや辛抱強さについて誰かと比べているわけである。

小学校低学年の子どもが，あるキャラクターが印刷されている筆箱が欲しくなって両親に買ってくれるように頼むとき，「みんな持っているから，新しい筆箱を買ってほしい」という表現を使うことがある。両親が，実際に持っているのは誰かを聞いてみると，友だちのAさんとBさんしか持っていないことがわかったりする。このような場合でも，私たちは「みんな持っている」という認識をもつことがある。決して，子どもが嘘をついているわけではない。私たちの社会的比較が，合理的な判断から離れた結論を導き出す典型的な例である。私たちが比べている他者は，案外少ないことが多いのかもしれない。

また，社会的比較による自己評価は，誰と比べるかによって大きな影響を受ける。自分よりも能力の高い人と比べると，「私は，走るのが速くない」とか，「算数は得意ではない」といったネガティブな自己評価が導かれる。逆に，能力が低い人と比べると，「走るのが速い」とか「算数は得意だ」といったポジティブな評価が導かれることになる。

自分が行っている自己評価は，何人の他者との比較なのか，また，誰との比較によって導かれたものなのかについて振り返ると，自分自身の自己評価の特徴について新しい気づきがあるかもしれない。

4 教師としての自分の長所と短所への気づき

☐ ビデオで振り返る

私たちは，日常的に，自分自身の行為や思考をモニターしたり，後から振り返ったりしている。また，自分の行為や思考について，同僚や知人に意見や評価を尋ねることもできる。こういった方法は，自分を対象化したり，自分の特徴に気づくことがで

きたりするので，自己理解にとって有効な方法である。

　ところで，自分の行為や思考を完全に対象化する方法がある。それは，授業や面談などの場面をまるごとビデオ録画して，自分がどのように話したのかや，そのときの自分の表情はどうなっていたのかを点検することである。

　話す速さや間の取り方，言い間違いやその修正，声の大きさや目の配り方，しぐさや姿勢など，リアルタイムではとてもモニターできない自分の振る舞いが，何度でも繰り返して再生できるので，実際の自分を完全に対象化して点検することができる。また，大切な場面では，そのとき自分が何を考えていたのかや，相手の反応に気づいていたのかなど，思考や認知についても振り返ることができる。

　そこには，教師としての自分の長所と短所が映し出されている。私たちは，多くの場合，自分の短所には気づきやすいが，長所には気づきにくいものである。自分の課題を見つけることも重要だが，自分の長所を見つけ出して，その長所を伸ばしたり，異なる場面でも活かしていくことで，教師としての自分を成長させていきたいものだ。

　一方で教師の場合は，その他の職業と比較すると，上司や監督者から厳しく指導されたり叱責されたりすることはそれほど多くはない。そのため，すぐには改善できないにしても，ビデオに映し出された自分自身の弱点や課題は，正面から受け止める姿勢を大切にしたいものである。また，同僚や保護者からネガティブな内容の助言や意見を受けたときにも，自分自身の課題のひとつとして受け止めることが大切である。

☐ ウェアラブル・カメラを用いた自分目線の振り返り

　メガネのように耳にかけたり，額に巻きつけたりして，自分が見ている方向を録画できるウェアラブル・カメラを用いるのも有効である。このカメラを用いると，授業のとき，自分が教室のどの辺りをよく見ているのかや，手元の資料を見ている時間や，目の配り方の特徴など，自分の視線に関する情報が収集できる。

　自分が見ていた方向の画像が録画されているので，その場面で自分が何を考えていたのかを振り返るには，他者の視点によるビデオ録画よりも適している。そのとき自分が考えていたことを同僚に伝えることで，その場面におけるその他の解釈や考え方の特徴について，アドバイスをもらえるだろう。

　また，音声の記録に限定すれば，ICレコーダーやスマートフォンの録音機能を活用する方法もある。自分自身のコミュニケーション・スキルを向上させるために，相手に録音することの了解をとったうえで，休み時間や放課後に子どもを相手にどのような話し方をしているのか，あるいは，保護者に電話をしているときに適切に敬語を

使うことができているのかなど，モニターする範囲を一気に広げることも可能である。

5 教師としての課題の克服法

「客体としての自己」は現在の自分の姿であり，現実の自分（現実自己）として受け入れざるをえないものである。一方で，そのような現状を踏まえて，「主体としての自己」は，なんとかして理想としての自分（理想自己）に近づこうと努力していることも忘れてはならない。現実自己と理想自己がかけ離れていると，心理的な不安や不健康を引き起こす可能性があるが，そのズレは私たちの向上心の源でもある。

私たちの周りには多くの同僚がいる。そのすべての人がそれぞれ自分が理想とする自己，すなわち，自分らしい自分をめざして日々努力を積み重ねている。そういった姿は，私たちの自分らしさを見極めたり，課題を克服したりする手がかりになることだろう。中には，同じような課題に苦しみながら，それを克服してきた人たちもいるはずである。

今はうまくできないところもあることを含めて，まずは自分自身を受け入れて，あなたが信頼できる同僚に相談することも有効な方法である。具体的な改善方法を教えてもらえることもあるだろうし，もしかすると，自分が短所だと思っている特徴は，案外あなたの長所と密接に関係しているかもしれない。

■ エクササイズ ■■■■■■■■■■■■■■■■■■■■■■■■■■

① 下の1から20までのそれぞれに，次の質問を読んで頭に浮かんできたことを，20とおりの違った文章でまとめてみましょう。

質問：「私は，誰だろうか」

1. 私は＿＿＿＿＿＿＿＿＿＿＿＿＿＿＿＿＿＿＿＿＿＿＿＿＿＿＿＿＿＿＿＿
2. 私は＿＿＿＿＿＿＿＿＿＿＿＿＿＿＿＿＿＿＿＿＿＿＿＿＿＿＿＿＿＿＿＿
3. 私は＿＿＿＿＿＿＿＿＿＿＿＿＿＿＿＿＿＿＿＿＿＿＿＿＿＿＿＿＿＿＿＿
4. 私は＿＿＿＿＿＿＿＿＿＿＿＿＿＿＿＿＿＿＿＿＿＿＿＿＿＿＿＿＿＿＿＿
5. 私は＿＿＿＿＿＿＿＿＿＿＿＿＿＿＿＿＿＿＿＿＿＿＿＿＿＿＿＿＿＿＿＿
6. 私は＿＿＿＿＿＿＿＿＿＿＿＿＿＿＿＿＿＿＿＿＿＿＿＿＿＿＿＿＿＿＿＿
7. 私は＿＿＿＿＿＿＿＿＿＿＿＿＿＿＿＿＿＿＿＿＿＿＿＿＿＿＿＿＿＿＿＿

8．私は _____

9．私は _____

10．私は _____

11．私は _____

12．私は _____

13．私は _____

14．私は _____

15．私は _____

16．私は _____

17．私は _____

18．私は _____

19．私は _____

20．私は _____

② 合意反応と非合意反応の数を手がかりにして，自分の自己意識の安定性について振り返ってください。また，1つひとつの回答内容から，それが意味する内容について考察してみましょう。

引用・参考文献

林恭弘（2003）ポチ・たまと読む心理学　ほっとする人間関係　総合法令出版．

柏木惠子（1983）子どもの「自己」の発達　東京大学出版会．

桂載作・芦原睦・村上正人（監修）（1999）自己成長エゴグラムのすべて──SGEマニュアル　チーム医療．

Luft, J. G. & Ingham, H. (1955) *The Johari window, A graphic model of interpersonal awareness*. University of Carifornia Extension office.

Maslow, A. H. (1943) A theory of human motivation, *Psychological Review*. 50, 370-396.

岡本正善（2008）メンタル失敗学──エゴグラムで読み解く「5つの性格」　講談社．

大野久（1992）自省する──20答法とアイデンティティ　宮沢秀次・二宮克美・大野木裕明（編）　自分でできる心理学　ナカニシヤ出版，36-39．

第3章 自己理解

■■■ コラム③ ■■■

小中学生対象の SEL-8S での "感情理解, 自己理解"

■ ユニットの配置

　自己理解については，表1に示したように，小学校低学年では自分の感情状態と表情や言葉づかいとの対応関係に気づくことを促し，感情状態を言葉で表現することを学習する。図1の"ふっくん"ボードは，いわゆる"福笑い"の要領で，感情状態と表情の対応関係を学ぶことに用いる。そして，小学校中学年では，自分の感情表現の中で不適切なものがないかの点検と，より適切な感情表現への修正を試みる。中学生では，自分の性格や行動傾向を振り返るとともに，その評価には肯定的な面と否定的な面があることを学習し，短所を克服して自己成長に取り組む意欲を促進する。

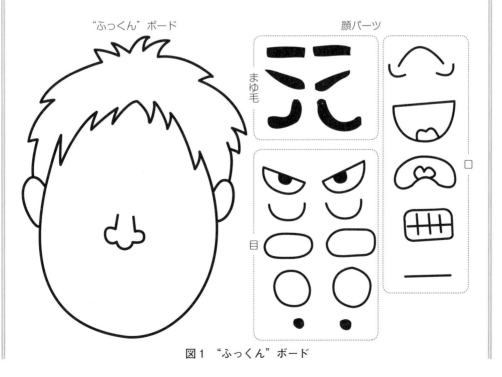

図1　"ふっくん"ボード

表1 "自己理解"のユニット

学　　年	ユニット名	重要な気づきやスキル
小学校 低学年	（B1）自己の感情理解 「おこっているわたし」	・自分が怒っているときの体や表情や言葉づかいの特徴を知る。 ・自分の怒りのレベルに気づく方法を知る。 ・適切な怒りの表出方法（適切な言語表現）があることを知る。
小学校 低学年	（B2）感情理解 「いろんな気持ち」	・感情語を5つ以上あげることができる。 ・感情語に該当する日常生活の場面を説明できる。 ・感情の違いによって、体の様子や表情が異なることを知る。
小学校 中学年	（B3）自己の感情理解 「自分はどんな気持ち？」	・感情語に該当する日常生活の場面を説明できる。 ・自分の感情表現の中で不適切なものの有無がわかる。 ・感情の適切な表現方法（言語化，話し方の工夫など）を選択できる。
中学校 2年生	（B2）自己理解 「短所を乗り越える！」	・自分の長所や短所に気づく。 ・自分の短所の克服に建設的に取り組む方法を知り，実行への意欲をもつ。

注：「ユニット」とは授業，「B1」はユニットの整理番号（小中で別々）を表す。表序-5，表序-6参照。

■ 自分の体で好きなところ

SEL-8Sの中学校1年生のユニットに「どうぞよろしく」がある。このユニットはA「基本的生活習慣」に位置づけられているが，自己紹介の内容のひとつとして"自分の体で好きなところ"を書かせて，それを紹介することが計画されている（図2）。もっとも身近な自分自身の特徴の理解も，自己を対象化する練習につながる。

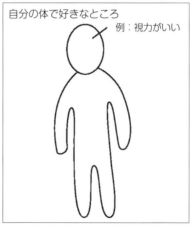

図2 「どうぞよろしく」で使われる
"自分の体で好きなところ"

B 自己・他者への気づき，聞く
第4章　他者理解

　他者理解は，私たちの周りにいる人とうまくかかわるために，他者の性格や感情状態を理解する過程である。言語的コミュニケーションと非言語的コミュニケーションを適切に使って，人間関係を構築していくプロセスについて説明する。まず，他者の観察された行動から，私たちは見たままの他者評価をすることを説明する。次に，他者に対して抱く第一印象が変わりにくいことを説明し，柔軟な姿勢をもつことの大切さを述べる。そして，共感的理解をするために，必要な情報を引き出すコツについて述べるとともに，生徒指導の文脈における事実確認の重要性について説明する。ベテラン教師や養護教諭に相談することで，他者理解のヒントが得られたり，多面的な他者理解が可能になったりすることを説明する。また，保護者との連携の大切さとコツについて述べる。

1　他者を理解することの大切さ

☐ 他者の感情や意図の理解の仕組み

　私たちの周りには，いろいろな人がいる。活動的でちょっとそそっかしい子どももいれば，内気で慎重な子どももいる。また，わが子のことが心配でたまらない保護者もいれば，子どもと友だちのようにかかわっている保護者もいる。これらの人とうまく付き合っていくためには，それぞれの人がどのような人なのかをある程度理解しておく必要がある。他者の行動のすべてを予測する必要はないが，こういう状況では，あの人はこのように考えるだろうとか，このように行動するだろうとか，ある程度の予測をするためには，その人がどのような人なのかを理解することが重要である。

また,「この人は今どのような心理状態なのか」を知ることも重要である。いつもは冷静な人なのに,今はかなり興奮しているというようなときには,その人はいつもと違うように振る舞うかもしれない。その人の性格や態度といった（時間や場所が変わってもそれほど変化しない）個人特性と同様に,その人の感情や忙しさ,疲れといった（時間や場所によって変化する）心理状態についても,ある程度正確に把握しておく必要がある。

　他者がどのような人なのか,あるいは,どのような状態なのかを知りたければ,直接,本人に聞くという方法もある。確かに,この方法も有効な方法のひとつである。しかし,いつもその人が自分のことを正確に把握しているとは限らない。

　例えば,何か不愉快なことがあったのか,いつもとは違う険しい顔つきをしているので,友だちに「何かあったの？　怒っているの？」と尋ねても,「別に何でもない。怒っていない」という返事しか返ってこないことがある。このように,表情やしぐさから想像される感情状態と,言語的に表現された内容がくい違うことはそれほど珍しいことではない。

　また,数日前に家族を亡くして辛い心理状態であると想像されるのに,いつもと同じ笑顔で元気に振る舞う子どももいる。そして,「辛かったね。元気を出してね」と話しかけると,「ありがとう。でも,もう大丈夫だから」と応えることもある。

　私たちは,自分のことであっても,いつも正確に把握しているわけではない。また,ウソをつこうと思っているわけではないが,いつも正直に自分のことを話すわけでもない。

言語的コミュニケーションと非言語的コミュニケーション

　私たちのコミュニケーションは,2つのチャンネル（情報伝達の経路）をとおして行われる。まず,言葉のチャンネルによってやりとりされるのが言語的（バーバル）コミュニケーションである。次に,表情や姿勢,視線,しぐさといった非言語のチャンネルをとおして行われるのが非言語的（ノンバーバル）コミュニケーションである。なお,言葉に付随した声の大きさや話す速さ,間の取り方などの準言語というチャンネルもあるが,準言語は非言語のひとつとして分類されている。

　したがって,正確なコミュニケーションをするためには,この2つのチャンネルからできるだけ多くの手がかりを受け取ったり,2つのチャンネルにできるだけ多くの手がかりを送り出したりすることが重要となる。2つのチャンネルに含まれる手がかりのすべてに注意を払い続けることは,かなり難しく,疲れることでもあるが,とき

どき意図的に，2つのコミュニケーション・チャンネルを忘れていないか点検することが大切である。また，一般的に，感情に関する手がかりは非言語的なチャンネルに含まれることが多いので，相手の感情状態を理解するためには，非言語的コミュニケーションに注意を払うことが有効である。

子どもの場合，大人と比べると，感情状態を表情やしぐさに表すことが多いし，何かあったら教師に話に来ることも多い。しかし，こういった行動傾向が，かえって子どもに対する注意をおろそかにしてしまうこともある。すべての子どもが，いつも何かあったら教師のところに話に来るわけではないし，感情状態を表情やしぐさに表すとは限らないことを，しっかりと心がけたいものである。

友人や先輩教師の中には，これらの気づきにくい手がかりを鋭く見つけて，相手の感情状態を感じ取ることが上手な人がいる。そのような人に，どのようなところに注意を向けているのかや，それぞれの手がかりの意味について話を聞くことで，新しいヒントが得られるだろう。

☐ 自己開示の返報性の原理

自己開示とは相手に自分のことを話す行為であるが，私たちは，誰に対しても同じように，自分のことを詳しく話すわけではない。2人の関係が親しかったり，信頼の絆で結ばれていたりするときに，自己開示は促進される。その結果，2人の間でやり取りされる自己開示の量や質が似てくることが知られている。すなわち，自分のことをよく話している友だちの方が，そうでないない友だちよりも，自分に対して（相手自身のことを）多く話してくれる傾向がある。これが，自己開示の返報性と呼ばれる現象である（吉田，1987）。

厳密にいえば，自己開示の返報性は，言語的コミュニケーションの量と深さの類似性をさしているが，表情やしぐさといった非言語的コミュニケーションにおいても，同様の効果をもたらすと期待できる。自己開示の返報性の原理を応用すれば，思いきって自分のことを話すことで，相手から得られる情報を増やすことができ，より正確で，より深い他者理解を実現できるかもしれない。

例えば，「先生は，実は，甘い果物が苦手なんです」と子どもに話したことがきっかけとなり，「私は，スッパイのがダメ」とか，「固いのがダメ」とか，今まで聞くことができなかった話を子どもが話してくれるかもしれない。そして，話題がだんだん広がって，「先生，実は私，最近，困っていることがあるの」と，心を開いた相談をもちかけられることもあるだろう。

その人と，何についてどのくらい話すのか，すなわち，自己開示の内容と量は，人間関係そのものであるといっても過言ではないだろう。人間関係を構築するとは，自分のことを相手に話し，相手の話を聞くことだと言い換えることができるかもしれない。子どもとの関係にとどまらず，保護者や同僚教師との関係についても，このことは当てはまるので，時間の許す限り，話したり聞いたりすることが大切である。

☐ 原因帰属と保留的態度

　私たちは，他者がある行動をとったとき，意図しなくても，なぜこの人はこういうことをするのだろうかと考える。心理学では，原因を推理する過程を原因帰属と呼び，他者の行動の原因を2つに大別している。ひとつは，その人がそもそもそういう行動傾向（性格や態度）をもっているからだと推理する，内的な原因帰属である。そして，もうひとつは，そう行動せざるをえなかったからだ（原因はその人の外側にある）と推理する，外的な原因帰属である。

　他者の行動を予測するためには，他者の行動を内的な原因で説明する方が都合がよい。なぜなら，内的な原因で説明すると，別のさまざまな状況においても，おそらくこの人は同じような行動を取るだろうといった予測が可能になるからだ。これに対して，外的な原因で説明すると，同じような状況でしか他者の行動が予測できなくなってしまう。

　このような動機的な歪みも働くために，私たちは，観察された他者の行動をその人の内的な原因で説明したがる傾向をもっている。一般的に，私たちは，望ましい行動を取る人はいい人で，望ましくない行動を取る人は悪い人だと推理する傾向をもっている。このことを対応推定論と呼んでいる。

　ところで，私たちの社会には，望ましい行動を取らなければならないという規範がある。そして，この規範は外的な原因のひとつであることから，社会的に望ましくない行動が観察されたときの方が，望ましい行動が観察されたときに比べて，対応推定理論に基づく原因の推論過程がより強く働くと考えられている。すなわち，私たちは，観察された行動と対応した他者印象を抱くが，その理由は以下のとおりである。

　まず，私たちの社会には，望ましい行動を取らなければならないという"外的な原因"である行動規範がある。このような"外的な原因"がある中で，ある人が望ましい行動をしたとしても，その原因は内的なもの（いい人だから）ではなくて，もしかしたら外的なもの（行動規範）かもしれないので，内的な原因の大きさは割引かれることが多い。これとは対照的に，ある人が望ましくない行動をしたときには，行動規

範があるにもかかわらず望ましくない行動をしたので、内的な原因の大きさは割増しされる（とっても悪い人だからと推理する）と考えられている。

この認知傾向は、正確な他者認知を歪める原因のひとつになるので、悪い印象をもったときほど、一呼吸おいて、性急な判断を保留することも必要であろう。すなわち、保留的態度が有用になる。子どもたちは、望ましい行動をすることもあれば、望ましくない行動をすることもある。特に、子どもが望ましくない行動をしたときには、性急な判断は避けるように心がけたいものだ。

例えば、ある問題行動が報告されたとき、その中に、以前問題行動を引き起こしたAが含まれていた場合、私たちは、「どうせ、Aが中心的な役割をとったのだろう」と考えてしまうことが多い。このようなとき、本当にAが中心的な役割をとったのか、十分に情報を収集したうえで、慎重に判断をしていく必要がある。

☐ 第一印象の変わりにくさ

初対面の人に抱く第一印象は、その後の人間関係に大きな影響を及ぼす。また、心理学の研究では、第一印象はなかなか変化しないことが報告されている。第一印象が形成された後に、それとは異なる情報を得たとしても、私たちはいろいろな外的な原因をもち出して、第一印象を維持しようとすることが多い。例えば、いじわるをする傾向のある児童が、欠席した友だちの家にプリントを届けることを自発的に申し出たような場合、私たちは、「この子には友だち思いの面もあるのだな」と考えるよりも、残念ながら、「何か別の思惑があるのだろうか」と疑ってしまうことが多いのである。

この認知傾向が強く働きすぎると、他者に対する悪い印象や評価が固定され、人間関係の柔軟性が失われることになるし、偏った他者理解に陥ることになる。第一印象と異なる情報に接したときには、「この人にはこういう面もあるんだな」というように、第一印象を見直す姿勢も大切である。

他者に対する印象は、単なる印象に留まらず、実際に他者に影響を及ぼすことがある。教師期待効果（ピグマリオン効果）は、その典型的な例である。根拠のない情報によって誘導された期待であっても、この子どもは成績が伸びるだろうという期待を教師が抱くと、実際にその子の成績が伸びるという現象が報告されている。教師期待効果を考えると、なおさら、第一印象に固執する姿勢は見直さなければならないだろう。

新学年になると、学級担任は40名近くの子どもたち、1人ひとりを理解することを求められる。それぞれの時期に抱いている印象に基づいて指導にあたることになるが、

その子の印象とは異なる情報が得られたら，その都度，その子に対する印象や評価を見直していくことが大切である。

2 児童生徒理解

☐ 共感的理解

　相手の立場に立って，その人が考えるように考えて，その人の感情状態を追体験することが共感的理解であり，他者理解の理想的な姿と考えられている。

　他者の思考の中には，事実の認識や事実に対する評価が自分とは異なっていたりなど，同意できない内容が含まれていることが少なくない。共感的理解では，これらの同意できない内容についてもひとまず受け入れて，そのような認識であるとすれば，その人が主張している感情状態になるのかどうか，点検する作業を行うことになる。

　自分の思考過程とはいえ，考えたことをすべて言語化するのはかなり難しい作業である。ましてや，相手が子どもであれば，説明された内容を確認したり，省略されている内容を確認したり，非言語的な手がかりが示唆する内容と言語的内容の不一致を確認したりするなど，共感的理解には非常に多くの時間と作業が必要になる。このときに必要になるのが，傾聴のスキルである。

　子どもの行動には，それぞれに背景（理由）がある。問題行動への指導の場面では，問題行動そのものに対しては厳しく指導しながらも，その子どもがどのように考えたり，感じたりしたのか，共感的理解を試みて，その子どもがその問題行動で伝えたかったメッセージは何だったのかを読み取ろうとする姿勢を大切にしたいものだ。

☐ 傾聴スキル

　SEL-8Sでは，小学校低学年が習得する傾聴スキルとして"ウメのかさ"がある。"うなずく""目を見る""体を向ける""最後まで聞く"の各々の頭文字をとったものであり，この4つのポイントを守って，他者理解に必要な情報を引き出すことを狙っている（コラム④参照）。

　教師による児童生徒理解においても，これらのポイントは有効である。"うなずく"ことで子どもに安心感や肯定感を与えることができ，"目を見る"ことで非言語的な手がかりに対する注意力を高めて，感情状態の理解を促進できる。そして，"体を向

ける"ことで相手に対する関心を伝えることができ，"最後まで聞く"ことで子どもが感じる受容感を高めることができる。これらの要素の総合的な効果として，教師は，子どもから多くの情報を引き出すことができるのである。

　背の低い子ども，特に低学年の子どもが相手のときには，お互いに椅子に座ったり，教師がしゃがんだりして，子どもと同じ目線の高さにすることも重要である。上から目線で教師が見下ろしている姿勢の場合に比べて，子どもは安心して，たくさんのことを話してくれる。

　また，SEL-8Sでは，小学校高学年が習得する傾聴スキルに"シカのこま"がある。これは，"しぐさ""顔の表情""声の大きさ""周りの様子"の4つのポイントを押さえて，他者の感情理解を促進することをねらっている（コラム④参照）。これも，教師による児童生徒理解にそのまま応用できるスキルである。その人の感情状態についての手がかりが多く表出される，"しぐさ""声の大きさ""顔の表情"といった非言語的な手がかりに注意を向けるとともに，"周りの様子"，すなわち状況についても情報収集することで，正確な感情理解が可能になる。

　一般的に，高学年になると，間接的な表現を使ったり，遠回しな表現を使ったりすることが増えて，自分の感情状態を教師にそのまま話すことは少なくなる。こういう場合に有効なのが，しぐさや声の大きさ，顔の表情といった非言語的な手がかりと，周りの様子といった状況手がかりである。言語的な手がかりと非言語的な手がかりから推測される心理状態が食い違うときには，「大丈夫とあなたは言うけれど，とても悲しかったという表情をしているよ」などと，子どもの心に一歩踏み入る必要があるときもある。

事実と意見

　共感的理解では，その人の主観的世界に基づいて，考えと感情の対応関係を中心に点検作業を行うことになる。一方で，生徒指導の文脈では，事実と意見の見極めと，事実の確認作業が必要になる。

　子どもが何かを教師に伝えようとする場合，発達段階にもよるが，事実と意見が区別されていなかったり，想像したことが事実に置き換えられていたり，逆に，事実なのに意見として表現されたりすることがある。このようなときには，ひとまず最後まで話を聞いた後で，事実と考えたこと（意見）を整理して，子どもに再提示して確認を取る必要がある。いつ，どこで，だれが，だれに，なにを，どのようにしたのか，いわゆる5W1Hを押さえた事実確認が求められる。

特に，子どもが訴えている内容がいじめに関連すると思われる被害報告の場合には，5W1Hに基づく本人確認と記録が重要となる。そして，担当教員に報告するとともに，訴えられている内容が事実であるのかの聞き取り調査が実施されることになる。

☐ ベテラン教師や養護教諭への相談

　児童生徒の心理状態を正確に把握することは難しいが，一人ひとりの児童生徒理解と，学級という全体の児童生徒理解が学級経営の基盤になるので，できる限り丁寧に行うことが大切である。そういう場合に有効なのが，ベテラン教師や養護教諭からアドバイスを受けることである。

　自分が気になっている児童生徒にどのような子どもがいて，学級全体の雰囲気をどのように感じているのか，また，どのような手がかりを基にそのように考えているのかを，ベテラン教師や養護教諭に話して助言をもらうことで，自分が気づかなかった学級の特性や，気になる子どもの別の可能性について示唆をもらえることがある。

　また，児童生徒理解のための具体的な方法やコツについて，助言を求めることも有効である。例えば，「朝，最初に顔をあわせたときの様子に注意するといいよ」「休み時間になると，誰とも話さずに1人で廊下に出て行くようなことはないか，注意してみたら」などの，具体的なアドバイスを受けることができるだろう。

　お互いに忙しいので，若手の教師は自分のために時間を取ってもらうことに引け目を感じることもあるだろうが，教師同士の協働が機能するチーム学校を実現するためにも，試みてみる価値はあると思われる。

☐ 保護者との連携

　気になる子どもの場合，学校で得られる情報だけでは十分でないことがある。授業中や休み時間での様相観察，および，テストや個人面談の結果等，学校で得られる情報も決して少なくないが，それでもその子どもを理解するための情報が少ないからこそ，教師はその子どものことが気になっているわけである。

　このような場合は，保護者に対して，自分が気にしていることを率直に伝えて，家庭での様子を教えてもらうことも有効な方法のひとつである。また，保護者に不要な構えをつくらせないために，あくまで自分の印象であることと，学校での変化があったときには改めて連絡することを伝えて，「気にかけている」という中心メッセージを誤解なく受け止めてもらうことが重要である。

第 4 章　他者理解

■ エクササイズ

【積極的傾聴訓練】

家族や友人との会話の中で，次のような目標をもって，話を聞く練習をしてみましょう。

① 自分で「この3分間は，相手が気持ちよく話せるように聞こう」と決めて，一生懸命に聞く。こうした練習を1日に1回は意識してやってみる。

② 相手の話があまり途切れないように，オープンクエスチョンで尋ねる練習をする。つまり，答えが「はい」や「いいえ」ではなく，自由に話せるように，「どうして」や「どんな」といった聞き方を工夫してみる。

③ 相手の許可を得て，上のような練習場面をICレコーダーに録音し，自分の話し方や聞き方を点検する。そして，自分の話し方の改善点をあげてみる。

【チェックポイント】

家族や友人との会話の中で以下の点がきちんとできているか，ふりかえってみましょう。

① うなずいているか。
② 相手の目を見ているか。
③ 相手に体を向けているか。
④ 相手の話を最後まで聞こうとしているか。
⑤ 相手のしぐさに注意を向けているか。
⑥ 相手の声の大きさに注意を向けているか。
⑦ 相手の表情に注意を向けているか。
⑧ 周りの様子に注意を向けているか。
⑨ オープンクエスチョンの問いかけになっているか。
⑩ 共感的理解を心がけているか。

引用・参考文献

小泉令三・山田洋平（2011）子どもの人間関係能力を育てるSEL-8S③　社会性と情動の学習（SEL-8S）の進め方　中学校編　ミネルヴァ書房，77.

吉田寿夫（1987）自己開示の返報性　小川一夫（監修）　社会心理学用語辞典　北大路書房，112.

コラム④

小中学生対象のSEL-8Sでの"他者理解"

■ ユニットの配置

　他者理解については，表に示したように，相手の話の内容を理解することから始まり，相手の感情の理解につながるようにユニットが設けられている。小学校の中学年では，相手の話の内容を理解するための"正しい聞き方"（B4）を，中学年では，不明な点を確認する"質問のポイント"（B5）と，相手の感情を理解するための"相手の気持ちを知るヒント"（B6）を学習する。図1は，"正しい聞き方"（B4）のスキルを表したポスター（ウメのかさ）である。また，図2は"相手はどんな気持ち？"（B6）のスキルを表したポスター（シカのこま）である。

　そして，中学校1年では，"正しい聞き方のポイント"と"相手の気持ちを知るヒント"を同時におさえることを学習する。中学校3年生では，ロール・レタリング（役割交換書簡法）を用いて，他者の役割を演じることで，より深い他者理解の水準に誘うことを意図している（表1）。

図1　"ウメのかさ"のポスター

図2　"シカのこま"のポスター

表1 "他者理解"のユニット

学年	ユニット名	重要な気づきやスキル
小学校中学年	(B4) 他者理解「しっかり聞こう」	・相手の話の内容を理解するための正しい聞き方(姿勢,視線,態度)を知る。 ・正しい聞き方を身に付ける。
小学校高学年	(B5) 他者理解「じょうずにたずねよう」	・不明な点について質問することの重要性に気づく。 ・"質問のポイント"(疑問点の明確化,許可,感謝の言葉)を知る。 ・不明な点があるときは"質問のポイント"を踏まえて質問できる。
小学校高学年	(B6) 他者の感情理解「相手はどんな気持ち?」	・相手の感情を理解することの重要性に気づく。 ・"相手の気持ちを知るヒント"(しぐさ,表情,声の大きさ,周りの様子)を知る。 ・適切に感情を理解することができる。
中学校1年生	(B1) 他者理解「"聞く"と"聴く"」	・話を聞いて事実を知ることと,話の内容から相手の気持ちを理解する(聴く)ことの違いを理解する。 ・"正しい聞き方のポイント"(姿勢,視線,態度,あいづち)と"相手の気持ちを知るヒント"(しぐさ,表情,声の大きさ,周りの様子)をおさえた聞き方ができるようになる。
中学校3年生	(B3) 他者理解「"私"への思い」	・ロール・レタリングを用いて,保護者の気持ちに気づく。 ・他者の気持ちに気づくことの大切さを知る。

注:「ユニット」とは授業,「B4」はユニットの整理番号(小中で別々)を表す。表序-5,表序-6参照。

■ ロール・レタリングとは

　ロール・レタリングとは,"ロール・プイング"をもとにした造語であり,"役割交換書簡法"とも呼ばれている(小泉・山田,2011)。

　具体的な手順は次のとおりである。まず,自分が親や友人に宛てて手紙を書く。その手紙は,投函せずに教師やカウンセラーがあずかる。教師やカウンセラーが読まないことをわかりやすく示すために,鍵のかかる箱などに入れることもある。次に,時間をおいてから自分でその手紙を読み,今度は,読み手(親や友人)の立場に立って,最初の差出人(自分)宛てに返事を書く。

　書いた手紙は,原則的に自分以外の人が目にすることはないので,他人の目を気にせずに思ったことを自由に書くことができる。また,時間をおいて読み返すことで,冷静に自分自身を対象化して振り返ることができる。

C 伝える

第5章 気持ちの伝達

適切に気持ちを表現することは難しい。強すぎる感情を表現しようとすると、思わぬ表現をして相手を傷つけてしまうなど、人間関係が崩壊することがある。反対に、相手を傷つけることを恐れてしまい、気持ちを表現することを我慢してしまうと、うつ病をはじめ精神的健康を害する危険がある。そのため、適切な表現方法を身に付けることが重要である。この章では、気持ちを適切に伝える重要性について説明する。そして、感情を伝える際には、①適切な言葉で伝えること、②落ち着いて伝えることがポイントとなることを述べる。①については、"私メッセージ"と気持ちを表す言葉を増やすことについて説明する。②については、自分の身体の変化に気づくこと、出来事に対して非合理的ではなく合理的に認知することの重要性について述べる。

1 気持ちを伝える重要性

☐ 表現してはいけない気持ちはない

自分の気持ちを相手に伝えたり、表現するということについて、例えば「男性は泣いてはいけない」とか「女性が怒るのは節操がない」というように、悲しみや怒りといったネガティブな感情を表現することはよくないことであり、いつも明るく笑顔であることが望ましいという価値観をもっている人はいないだろうか。また、つまずいて転んだ子どもに対して、「痛くないよ」「悲しくないよ」と教師が声かけをする場面を見たことはないだろうか。こうしたかかわりは、ネガティブな気持ちをありのままに感じることを否定するような声かけである。これらの考え方は、いずれも間違いである。まず、すべての気持ちを感じることは自然なことであり、感じてはいけない気

持ちはない。また，遠藤（2006）が，アリストテレスの言葉を用いて，「時機と対象と方法を間違えない限り，怒りの表出は，私たちの社会生活にプラスであっても決してマイナスではない」と述べているように，怒りや悲しみのようなネガティブな気持ちであっても表現することは悪いことではない。

　ネガティブな気持ちを表現することを躊躇する人の中には，相手との関係が崩壊することを危惧している人がいるかもしれない。しかし，自分の気持ちを表現せず，過剰に抑制しすぎると，自分自身の精神的健康を害してしまうことがある（益子，2009）。また，適切に気持ちを表出できる人は仲間からの評価が高いこと（McDowell, O'Neil, & Parke, 2000）がわかっており，気持ちを適切に伝えることができれば，人間関係が崩壊するどころか良い影響を与えることもある。つまり，どんな気持ちであっても適切に伝えることが大切なのである。

☐ やばい，むかつく，別に

　気持ちを適切に伝えるときには，暴力や暴言ではなく，自分の気持ちを適切に表す言葉を用いて表現することが重要である。大学生の会話を聞いていると，「やばい」「むかつく」「別に」などの言葉を耳にすることがある。例えば，「昨日のテレビ，まじやばかった」という言葉には，「"やばい"ほど，つまらなかった」と「"やばい"ほど，楽しかった」という2つの意味が読み取れる。固定化された人間関係での形式的な会話の中では，こうした単調な感情表現であっても困ることは少ない。しかし，初対面や年上の相手，先輩や上司，保護者といった少し複雑な人間関係になると，途端にコミュニケーションが取りづらくなってしまう。気持ちを表す言葉が乏しいと，相手に間違った解釈をされてしまい，そこから関係が崩れてしまうことがある。

☐ 衝動的にならない

　その瞬間の気持ちに任せた表現をすると，相手を叩いたり暴言を吐いてしまい，気持ちがうまく伝わらないことがある。教師と子どもとの関係においては，子どもに気持ちを衝動的に伝えることは避けなければならない。生徒指導上，子どもに対して毅然とした態度で厳しく指導することはあるが，そのような場面でも，教師は自分を客観的に認識しながら，気持ちを伝える程度を調節することが求められる。

　また衝動的に行動してしまう人は，"たまたま"の出来事であっても"わざと"だと考えてしまう傾向がある。例えば，休憩時間に"たまたま"遊びに誘われなかった

第5章　気持ちの伝達

表5-1　非合理的な認知の特徴

	説　明
根拠の乏しい推測	相手が気にしていないちょっとした不注意や見逃しを気にしてしまい，少しでも予想外の反応があると，嫌われたのではないかと推測してしまう。 完璧ではない発言は言うべきではないと考え，沈黙や言い訳をしてしまう。
完璧主義傾向	常に誰からも愛される存在でなければならない，嫌われてはならないという考え方。 人に嫌われないということが優先し，自分の意見や思いを言わないようにしたり，相手に逆らわないようになるなどもめごとを避ける。
否定的側面の過大評価 （肯定的側面の過小評価）	致命的な失敗ではないのに大きな失敗だと思ってしまう。 気持ちを伝えるときには，「怒ったらどうしよう」「友だちの縁が切れたらどうしよう」と思い躊躇する。
過剰な自責感	人を傷つける言動はよくないことと強く思い，傷つけた場合は自分を強く非難し責める。 控え目に接し，相手の顔色を常にうかがうようになる。

出所：野村（2006），笠原（2009）をもとに筆者作成。

ときでも，"わざと"誘わず仲間外れにされたと感じてしまうようなことである。このように，ある出来事を自分を苦しめる形で理解することを，非合理的な認知という。非合理的な認知には，①根拠の乏しい推測，②完璧主義傾向，③否定的側面の過大評価（肯定的側面の過小評価），④過剰な自責感などがある（表5-1）。

2　適切な言葉を用いた気持ちの伝え方

☐ 感情の発達

　気持ちの伝達においては，①適切な言葉を用いて伝えること，②気持ちを抑制しすぎることも衝動的になることもなく，落ち着いて伝えることが求められる。
　まず，①適切な言葉を用いて気持ちを伝えることについて考える。そもそも自分の気持ちをどのように理解し，言葉で表現できるようになったのであろうか。感情の発達については，生後間もない子どもの感情は未分化であり，快と不快の感情と，漠然とした興奮が見出される程度である。その後，不快感情の分化が快感情よりも先に進み，子どもが表現する感情の種類が少しずつ増えていく（図5-1）。
　しかし，同時に自分の気持ちを言葉で表現できるようになるわけではない。では，どのようにして自分の気持ちを言葉で表現できるようになったのか。それは，保護者を中心とした養育者が，気持ちを表す言葉を教えてくれたからである。例えば，小さい頃に顔を真っ赤にして騒いでいると，それを見た保護者が「顔を真っ赤にして，何

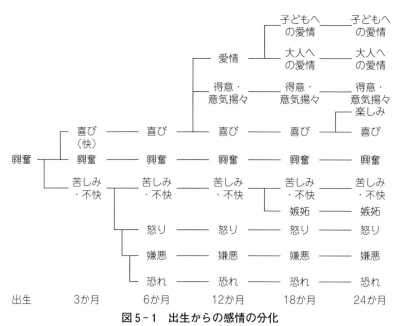

図 5-1　出生からの感情の分化
出所：Bridges（1932）をもとに佐藤（2011）が作成。

を怒っているの？」と声をかける。こうした声かけを何度も何度も経験することによって，自分の心に感じているのは，"怒る（怒り）"という言葉で表すことができる感情であることを知る。そして，「私は怒っている」と表現できるようになるのである。

　一方で，十分な養育環境で育てられなかった子どもの場合は，先ほどのように顔を真っ赤にして騒いでいても，保護者に「うるさい。静かにしなさい」と言われるだけかもしれない。この場合，自分が感じているものがどういう言葉で表現できる気持ちなのかを知らないまま成長してしまう。その結果，言葉で表現できない気持ちを表現するために，暴力や暴言を用いてしまうことがある。極端な例ではあるが，フランスで発見されたアヴェロンの野生児と呼ばれた子どもは，推定11〜12歳の少年であったが，言葉をもたず人間らしい行動や感情を身に付けていなかったという（第1章参照）。このことは，感情の生起や言葉の使用が，誰にでも自然に起こるわけではないことを示している。

　「やばい」「むかつく」などの言葉を誰もが使っている現状を見ると，気持ちを表す語彙の乏しさは，養育環境が十分に整っていなかった場合だけに限ったことではなく，現代の多くの人の課題といえるのではないだろうか。

第5章　気持ちの伝達

表5-2　気持ちを表す言葉

気持ち	気持ちを表す言葉
喜　び	幸せ，嬉しい，ワクワクする，楽しい，満足，感謝している，最高の気分，喜んでいる，希望をもっている，気に入っている，愛しい，さわやか，めでたい，ウキウキ，ウットリ，キュン，クスクス，ゲラゲラ，ジーン，スッキリ，ニコニコ，ニッコリ，ニンマリ，ベタベタ，メロメロ，ランラン，ルンルン，ワイワイ，ワクワク
悲しみ	悲しい，つらい，切ない，不満に思っている，気分が乗らない，苦しい，心苦しい，淋しい，辛い，名残惜しい，恥ずかしい，みじめだ，むなしい，申し訳ない，もの悲しい，やるせない，ウジウジ，ウズウズ，ウルウル，オンオン，グスグス，クスン，トボトボ，ホロホロ，ボロボロ，メソメソ
落ちこみ	落ちこんでいる，憂鬱な，何もする気がおきない，やる気を失う，不安を感じる，しんどい，ガッカリ，グッタリ，クヨクヨ，ゲンナリ，ネチネチ，ポッカリ
安　心	落ち着いている，ホッとしている，平和な，穏やかな，あたたかい，ノンビリ，フワフワ，ホノボノ，ユッタリ
怒　り	許せない，くやしい，むかつく，カッとする，腹立たしい，怒る，うらむ，嫉妬，不公平，忌まわしい，嫌だ，鬱陶しい，恨めしい，羨ましい，嫌いだ，憎い，妬ましい，煩わしい，憤る，イライラ，ガミガミ，カリカリ，ギスギス，キリキリ，ピリピリ，ブーブー，ブッツン，プリプリ，プンプン，ムカムカ，メラメラ，モヤモヤ
恐れ・不安	恐れる，恐ろしい，怖い，気がかり，不安だ，心細い，心配だ，オズオズ，オタオタ，オドオド，オロオロ，ガタガタ，ギックリ，ゾクゾク，ソロリソロリ，ハラハラ，ビクビク，ヒヤヒヤ

出所：山口（2014）をもとに筆者作成。

☐ 適切な感情語彙の活用

　気持ちを伝えるためには，できるだけ多くの気持ちを伝える言葉を活用できることが望ましい。同じ怒りの気持ちであっても，イライラとムカムカでは気持ちの強度が異なる。自分が感じている気持ちとその強さを適切に伝えられるようになると，対人関係上の誤解が起こりづらくなる。

　教師と子どもとのかかわりの中では，子どもにも理解しやすい言葉を選択する必要があり，年齢に応じた言葉づかいが求められる。基本感情と呼ばれる喜び，悲しみ，怒り，恐れ，嫌悪，驚きの6つの感情は，小学校就学前に理解できるようになるといわれている。一方で，恥や罪悪感，誇りなどの複雑感情と呼ばれる感情は，小学校中学年以降に理解できるようになるといわれている。そのため，幼児期から小学校中学年までの子どもとかかわる際には，基本感情の言葉を活用して気持ちを伝えることが中心となる。また，日常的に使われている気持ちを表す言葉にオノマトペがある。表5-2の中で，カタカナ表記している言葉がオノマトペである。オノマトペによる気持ちの表現は，幼児を対象とした絵本などでも頻繁に用いられており，子どもにとって馴染みのある感情語といえる。このような気持ちを表す言葉については，絵本や小

説などを読みながら，気持ちを表す言葉をたくさん増やしておくとよい。

☐ "私メッセージ"による伝え方

　気持ちや思いを伝えるときには，"私メッセージ"がよいといわれている。私メッセージは，"私は（が）"で始まるメッセージである。「（私は）悲しい」「（私は）やめてほしい」というように，主観的な気持ちを伝える言い方である。

　それに対して，"あなたは（が）"で始まるメッセージを"あなたメッセージ"と呼ぶ。「（あなたは）しゃべるな」「（あなたが）叩いた」などのメッセージは，相手の言動の変更を求める言い方である。"あなたメッセージ"での言い方は，相手を批判する言い方に聞こえることがあり，相手を傷つけたり，いやな思いにさせてしまうことがある。教師は子どもに対して，「筆箱を出しましょう」「静かにしましょう」といった指示をすることがあるが，これらは"あなたメッセージ"となっている。こうした言い方が続いてしまうと，子どもの不満が溜まり，クラスの雰囲気が悪くなってしまう。同じ内容であっても，「全員の筆箱が出ていると，うれしいです」「教室が静かになると，気持ちがいいですね」といった"私メッセージ"に変換すると，子どもへの伝わり方が変化し，クラスの雰囲気も明るくなるだろう。

☐ 表情やしぐさでも気持ちを伝える

　気持ちの伝え方には，言語的な側面だけではなく，表情やしぐさといった非言語的な側面も重要である。例えば，視線については，全く目線を合わせないと意思が伝わりにくい一方で，相手の目を常に見続けると，相手に威圧感を与えてしまうこともある。目線を含めた表情やしぐさ，声の調子は，伝えたい気持ちと一致していると，相手に伝わりやすい。例えば，うれしい気持ちを伝える場合は，笑顔で明るい声で伝え，悲しい気持ちを伝えたい場合は，うつむいて，弱々しい声で話すといったようにする。

☐ 子どもの気持ちを代弁する

　この他に，教師と子どもとの関係において重要なことは，子どもの感情の発達を促すかかわりをすることである。そのためには，子どもが感じている気持ちを教師が受容し，その気持ちを代弁することが重要である。

　受容とは，人間的な温かい気持ちで相手のありのままを無条件に受け入れることで

ある。言うことをよく聞いてくれる子どもや勉強ができる子どもだけを受容するのではなく，言うことを聞いてくれない子どもも無条件に受け入れることが求められる。

例えば，友だちを叩いてしまった子どもに対して，「叩くなんて，けしからん！」と，気持ちを理解しようとせず，指導することがあってはならない。こうした場合は，叩いた理由を聞いて，「○○くんは……という気持ちがあったから，叩いてしまったんだね」と気持ちを受容したうえで，「でも，人を叩いてはいけないよね」と指導することが望まれる。これまでにも説明したとおり，人を叩いてしまう子どもの中には，自分の気持ちを言葉で表現できない子どもがいる。そうした子どもにとって，教師が自分の気持ちを代弁してくれる経験は，感情の発達において重要なかかわりとなるといえる。

3 落ち着いて気持ちを伝える

◻ 自己感情のコントロール

落ち着いて気持ちを伝えるためにはどのようにしたらよいだろうか。自分の気持ちを適切に伝えるためには，まず，自分がどのような気持ちなのかに気づくことが重要である。他者の感情理解においては，表情やしぐさが手がかりにするが，自分の表情やしぐさは自分の目で確かめることはできない。自己感情を理解するためには，身体の変化に気づく必要がある。例えば，鼓動が速くなる，顔や体が熱くなる，体が硬直する，拳を握る，胃が痛くなる，呼吸が速くなる，言葉が詰まる，声が震える，手足が震える，奥歯を強くかみしめるなどである。こうした身体の変化は，自分がどのような気持ちなのかを理解するだけでなく，気持ちの強さに気づくうえで重要となる。図5-2の怒りの仕組みが示すとおり，気持ちが強くなるにつれ，身体や心，頭の中が少しずつ変化する。はじめは，息が荒くなったりする程度であるが，だんだんと身体に力が入って，頭が真っ白になる。こうした変化に気づき，気持ちを落ち着かせなければ，感情が爆発して衝動的な行動をとってしまう危険性が高まる。気持ちを適切に表現するためには，強くなっていく感情に気づいて，落ち着くことが重要である。

自分の気持ちに気づくためには，前項で説明したように，教師に気持ちを代弁してもらうという経験をとおして育成していくことができる。その他に，自分がどのような状況でどのくらいの強さの気持ちを感じるのかを知っておくことも大切である。例えば，少しイライラするのはどのような状況なのか。取り乱すほどに強く怒るのはど

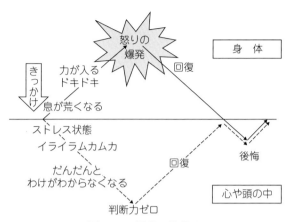
図5-2 怒りの仕組み
出所：池島・竹内（2011）をもとに筆者作成。

のような状況なのか。例えば、順番抜かしをされたとき、突然後ろから押されたとき、渋滞で車が動かないときに、みなさんはどの程度の怒りを感じるであろうか。こうした状況を確認しておくことで、強くなっていく自分の気持ちに気づくことができるようになる。

合理的な認知

　非合理的な考え方はネガティブな感情を生むので、合理的に考える習慣をつけることが重要である。相手の言動を否定的に決めつけるのではなく、"もしかして"、"ひょっとしたら" というように、肯定的に原因を考えるとよい。例えば、教師に対して常に反抗的な態度をとってくる子どもがいる場合、教師の立場から考えると、自分のことが嫌いなのだとか、クラスを崩壊させようとしていると考えるかもしれない。しかし、自分に対して反抗的な態度をとっているのは、"もしかして" かまってほしいのかもしれない、あるいは、"ひょっとしたら" 表現の仕方がわからないだけで、一種の愛情表現なのかもしれないと考えると、気持ちは楽になる。このように、対人関係においても、ゆとりをもって対応することが重要である。

■ エクササイズ ■■■■■■■■■■■■■■■■■■■■■■■■■■
【教師用】
① 5段階の怒り（ほんの少し怒る、少し怒る、怒る、とても怒る、すごく怒る）を感じる状況を考えましょう。

② 次の状況で"私メッセージ"を用いて気持ちを伝えましょう。
　a．保護者参観の参加について，期限が過ぎても返事がない保護者に連絡をする。
　b．電車で順番待ちをしていたが，次の電車が来たとたんに順番を抜かされた。
　c．掃除時間に掃除当番なのに遊んでいる子どもがいる。
　d．始業までに欠席の連絡がなかった子どもが，1時間遅刻して学校に来た。
　e．給食費の入金期限が過ぎても振り込みがない保護者に連絡する。

【教職志望学生用】
① 5段階の怒り（ほんの少し怒る，少し怒る，怒る，とても怒る，すごく怒る）を感じる状況を考えましょう。
② 次の状況で"私メッセージ"を用いて気持ちを伝えましょう。
　f．貸した授業のノートをいつまで経っても返してくれない友だちに，返してほしいことを伝える。
　g．レジで順番待ちをしていたが，どさくさに紛れて順番を抜かされた。
　h．注文したハンバーガーを待っているが，いつまでたっても呼ばれない。
　i．友だちが，待ち合わせの時間に30分遅刻してきたのに，全く謝るそぶりがない。
　j．大学の先生に履歴書の添削をお願いしたが，いつまでたっても返事をもらえない。

引用・参考文献

遠藤利彦（2006）「正当な怒り」の発達　児童心理，60(13)，1169-1174.

益子洋人（2009）高校生の過剰適応傾向と，抑うつ，強迫，対人恐怖心性，不登校傾向との関連――高等学校2校の調査から　学校メンタルヘルス，12(1)，69-76.

McDowell, D. J., O'Neil, R., & Parke, R. D. (2000) Display rule application in a disappointing situation and children's emotional reactivity: Relations with social competence. *Merrill-Palmer Quarterly*, 46, 306-324.

佐藤幸子（2011）感情の発達　保育の心理学Ⅰ・Ⅱ　建帛社，93-402.

山口祐二（2014）チャイルドラインで学んだ子どもの気持ちを聴くスキル　ミネルヴァ書房．

笠原麻里（監修）（2009）思春期の「うつ」がよくわかる本　講談社．

倉戸直美（2002）発達の基本を形成する心理的課題　発達心理学　新・保育士養成講座編集委員会（編）　全国社会福祉協議会，67-81.

野村総一郎（2006）スーパー図鑑　うつ病　法研．

■ ■ ■ ■ コラム⑤ ■ ■ ■ ■

小中学生対象の SEL-8S での"気持ちの伝達"

■ ユニットの配置

　気持ちの伝達については，小学生で2つ，中学生で1つのユニットが設定されている。内容は，小学校低学年で自分の気持ちを伝える"気持ちの伝え方のポイント"（C1），小学校中学年では他者をほめたり認めたりする"ほめ方のポイント"（C3），中学生では，怒りを冷静に伝えるための"こころの信号機"（C4），および自分の気持ちを適切に伝える"私メッセージ"（C4）について学習する（表1）。

　こうしたユニットの学びをとおして，怒りや悲しみなどを含むすべての気持ちは，感じてよいが，気持ちを表す方法や行動には，よい方法とよくない方法があることに気づいてもらいたい。そして，気持ちを表現する方法のひとつとして，"私メッセージ"による自分の気持ちや願いを伝える方法を学ぶ。

■ "私メッセージ"

　"私メッセージ"は，"私は（が）"で始まる伝え方で，相手を傷つけない言い方である（図1）。しかし，"私メッセージ"でも相手を嫌な気持ちにさせることがある。それは，攻撃的な自己表現である。例えば，少しお願いしただけなのに，強い口調で「イヤ！」と言われると，悲しい気持ちになることがある。つまり，"私メッセージ"は，気持ちを伝える方法のひとつであるが，これさえできれば相手を傷つけることがないというわけではない。先

表1　"気持ちの伝達"のユニット

学　年	ユニット名	重要な気づきやスキル
小学校 低学年	（C1）感情伝達 「とてもうれしい！」	・自分の気持ちを相手に伝えることの大切さを知る。 ・"気持ちの伝え方のポイント"（ぼく・わたし＋感情語）を使って，感情伝達ができるようになる。
小学校 中学年	（C3）感情伝達 「じょうずだね」	・相手を認めたり称賛したりすることの大切さを知る。 ・"ほめ方のポイント"（あなた＋形容語）を知る。 ・相手を認めたり称賛したりできるようになろうとする意欲が高まる。
中学校 2年生	（C4）感情伝達 「冷静に伝える」	・怒りを冷静に伝えるための"こころの信号機"モデル（まずは一呼吸，状況の分析，適切な行動）を理解する。 ・"私メッセージ"で自分の気持ちを伝えることができる。

注：「ユニット」とは授業，「C1」はユニットの整理番号（小中で別々）を表す。表序-5，表序-6参照。

ほどの伝え方は，攻撃的な自己表現である。より主張的な自己表現をするには，落ち着いた口調で，嫌な気持ちとともに，理由を付け加えることが望ましい。例えば，「私は虫が嫌いなので，虫採りに行くのは嫌です」という言い方である。このように伝えられると相手は，悲しい気持ちになりにくい。こうした伝え方は主張的な自己表現であり，次章で詳しく説明する。

■ "あなたメッセージ"

それに対して，"あなたメッセージ"は，"あなたは（が）"で始まる伝え方であり，相手を傷つけやすい言い方である。

例えば，あなたが友人に借りた本を返すことを忘れた場合を想像してほしい。そのようなときに，友人から「（あなたは）なんで返してくれないの」「（あなたは）すぐに本を返すべきだ」「（あなたは）ルーズな人間だ」と言われたら，どのように感じるであろうか。確かに借りた本を返さなかったことは悪いとしても，「そこまで強く言わなくてもよいのではないか」という気持ちになるのではないだろうか。それに対して，「（私は）本が返ってこなくて，困っている（落ち着かない）」「（私は）貸した本を読みたくなったんだ」と友人から言われたら，どのように感じるであろうか。"私メッセージ"の場合は，「本を返すのが遅れて申し訳ない」という罪悪感や「早く本を返さなければ」という気持ちが自然と生まれてくるのではないだろうか。相手に伝えたいことが「早く本を返してほしい」ということだけであるのに，"あなたメッセージ"を使うと，本意でなく相手に不快感を与えてしまう。やはり，相手を不快にさせずに自分の思いや願望を伝えるためには"私メッセージ"で伝えることがよい。

図1 "気持ちの伝え方のポイント"のポスター

C 伝える

第6章　断り方と頼み方

　私たちは，助けたり助けられたり，相互に支え合う関係の中で生活している。このようなソーシャル・サポートを有効に使うことで，私たちの生活や仕事はよりよいものになるだろう。本章ではまず，無理や支障があるときには断わることの重要さを述べる。他者の依頼を引き受けることは大切ではあるが，支障があるときに無理にその依頼を引き受けることは他者の信頼を裏切ることにもなるので，その人との人間関係を維持しながら依頼を断るスキルを紹介する。次に，援助を求めることの重要さを述べる。援助を求めることはその人との人間関係を深めることでもあるので，上手な依頼のコツを紹介する。職場での同僚や上司との付き合い方，および，学校や保護者，地域の人との連携を促進する方法についても述べる。

1 断ることの大切さ

支え合う関係の大切さ

　私たちは，日常生活で，他者からさまざまなサポート（支援）を受けている。例えば，料理が美味しいレストランを教えてもらったり，気持ちが落ち込んでいるときに話を聞いてもらったり，お弁当を買ってきてもらったり，買い物に付き合ってもらったり，数え出すときりがない。

　一方で，私たちは，他者に対してさまざまなサポートをしている。人間関係を営むことは，お互いにサポートし合うことと言い換えることができるかもしれない。私たちは，お互いを支え合うことで豊かな日々の生活を営んでいる。

　また，仕事のうえでも，私たちは同僚から支援や助力を受けたり，逆に，与えたり

して，それぞれの業務を遂行している。

☐ ソーシャル・サポートとは

　社会的関係の中でやりとりされる支援のことを，ソーシャル・サポートという（木村，1999）。大きく分けると，4つのタイプがあると考えられている。1つ目は情緒的サポートで，「最近，どうですか？」と気にかけたり，話を聞いたりする支援である。2つ目は道具的サポートで，本を貸したり，何かを手伝ったりする支援である。3つ目は情報的サポートで，問題解決に必要な情報やアドバイスを提供する支援である。4つ目は評価的サポートで，相手の行動や意見を認めたり，肯定したりする支援である。

　そして，多くの人たちとの間でやりとりされる支援（ソーシャル・サポート）の広がりのことをソーシャル・サポート・ネットワークと呼んでいる。あなたが何かに困って友だちに相談しようとする場合，友だちが多ければ多いほど，誰かが有効なアドバイスを提供してくれる確率は高くなる。また，「友だちの友だちは，友だちだ」という言葉があるように，あなたが何かに困って友だちに相談したら，その友だちはアドバイスできなくても，そのことに詳しい知人（友だちの友だち）を紹介してくれるかもしれない。このようなつながりの広がりがネットワークと表現される所以である。

　ソーシャル・サポート・ネットワークは，私たちが何かに困ったときに適切な支援を提供してくれたり，人生そのものを豊かにしてくれたりする重要な資源である。ただし，同時に，自分が誰かに対して支援することを求められるといった側面も併せもっている。

☐ サポートの依頼を断ることの大切さ

　他者からの依頼を引き受けてサポートすると，その他者との良好な人間関係を築くことができるが，私たちは，必ずしも，いつもサポートをできるとは限らない。他者がどんなに困っていたとしても，自分にも都合や差障りがあるときもある。このようなときには，他者からの依頼を断らなければならない。

　例えば，過大な無理をして引き受けた場合，あなた自身が体調を崩したり，依頼者以外の他者にあなたが迷惑をかけたりすることもある。多くの場合，依頼者は，そのような状況の場合には「（あなたは）断るはずだ」と信じている。その前提で，あなたにサポートを依頼しているので，あなたが無理をしてその依頼を受けることは，あ

なたに対する相手の信頼を裏切ることにもなる。相手の信頼に応えるためにも，無理なときには，依頼を正直に断わることが大切である。

また，もしも，あなたが過大な無理をすることも含めてサポートを依頼しているとすれば，その依頼者はあなたに対して過度に依存しているのであり，その依頼は不適切であると判断されるので，その人との付き合い方は慎重に考えるべきである。

さらに，極端な例だと思われるかもしれないが，知り合いからの依頼が，実は，違法薬物への誘いや違法な行為への誘いであることも，ないとは限らないだろう。そのような疑いが感じられるときには，絶対にその依頼を断らなければならない。

2 断り方のポイント

断るときの3つのポイント

他者からの依頼を断るときには，次の3つのことが大切である。

1つ目は，はっきり断ることである。断ることは心苦しさもあるので，遠回しに表現したい気持ちが働いてしまうことも少なくない。しかし，あいまいな表現をしたことで相手に誤解を与えてしまうと，依頼を断るよりも不快な思いをさせたり，迷惑をかけたりしてしまうこともある。

例えば，「せっかく声をかけていただいたのに申し訳ありませんが」とか「願ってもない機会ですが」と残念な気持ちを伝えたうえで，「今回はお引き受けできません」とか「今回はお断りします」と，はっきり断ることが大切である。

2つ目は，断る理由を伝えることである。できれば相手の依頼を受けたい気持ちはあるものの，今回はある事情で引き受けることができないという理由があると，相手はそこまで不快な気持ちにならないものである。本当の理由を正直に伝えることができるときには，そのままを話す方がよい。しかし，本当の理由を伝えることがはばかられるときには，「他の人との先約があるので」とか，「今週は体調がすぐれないので」とか，方便としての理由づけの言い回しはいくつか用意しておくことが望ましい。

3つ目は，代わりの案を提示することである。例えば，求められている期限や期日は無理だとしても，「来月までなら」とか，「来週の週末なら」とか，実現可能な代替案がある場合は，それを提案することで，あなたが相手のことを大切に思っていることを伝えることができる。

☐ 絶対に断らなければならないときのポイント

　違法薬物や違法行為への誘いの疑いがあるとき，あるいは，何度も断っているのにそれを受け入れてもらえないときは，断り方を変える必要がある。

　はっきり断わり，理由も伝えているのに，それを受け入れてもらえない場合には，「ところで，○○はどうなったでしょうね」と話題を変えることも有効である。それでも，しつこく誘ってくるようなら，「時間がないので」とか，「別件があるので」とか言って，その場を離れることである。もちろん，状況によっては，走って逃げることも想定しておくことが必要である。

　違法薬物や違法行為のリスクのある状況に誘ってくるのは，見ず知らずの人というよりは，むしろ知人であることが多い。この人が言うことならとか，この人との人間関係が悪くならないようにとか，断ることをためらう気持ちがあったとしても，冷静な判断が求められることを忘れてはならない。

3 頼むことの大切さ

☐ ソーシャル・サポートを求めることの大切さ

　他者に迷惑をかけないように，自分でできることは自分で行うことは，とても大切なルールである。しかし，他者に何かを手伝ってもらったり，相談にのってもらったりすることは，私たちの助けになるし，その人との人間関係が深まる機会にもなる。

　他者からサポートを依頼されることは，その人から頼りにされていることを意味するので，人の役に立つことができたという充実感や自分の価値を再確認する機会でもある。また，少し頑張れば自分1人でもなんとかなるような場合でも，他者にサポートを依頼して手伝ってもらうことで，その人との信頼関係が深まることもある。

　ソーシャル・サポートを求めたり，提供したり，私たちは適切な相互依存の関係を営んでいく中で，互いの人生を豊かにしたり，楽しんだりすることができる。

☐ 頼み方のポイント

　SEL-8Sでは，小学生の中学年が習得する頼み方スキルに「"ハリを（お）"頼む」がある。"(内容を) はっきり伝える" "理由を伝える" "お礼を言う" の3つのポイン

トを守って，依頼を引き受けてもらえる確率を高くするとともに，良好な人間関係を築くことを意図している。

その場で何かを手伝ってもらうようなときは，この3つのポイントで十分であるが，職場で同僚に何かの作業を依頼するときには，さらに，次の2つの情報を提示することが必要になることが多い。それは，「いつまでに」という期限に関する情報と，「どのように」という作業方法についての情報である。せっかく手伝ってもらったのに，期待していることと異なる結果になることは避けるべきである。

☐ 組織全体としての機能を向上させる大切さ

学校にはさまざまな業務があり，それらを効率的に運営するために，校務分掌によって各教員の役割分担が決まっている。1人ひとりの教師が自分の校務分掌を遂行することが基本となるが，すべての教師が，特に若年教師の場合は，その業務を遂行する手順や方法に精通しているわけではない。

このような場合，他の教師にサポートを依頼すると，迷惑をかけてしまうのではないかと心配し，できるだけ自分で行おうと考えて1人で業務を抱え込んでしまい，サポートを依頼する適切な時期を逃してしまうことがある。そして，結果として，短い期間でサポートを依頼しなければならなくなることもある。

サポートを依頼するにしても，業務にかかる時間や労力についての正確な見積もりができないときは，早めに同僚に相談することが重要である。まずは，「この作業には，全部でどのくらいの時間がかかりますか？」といった作業全体の見積もりや，「この作業は，こういう手順でいいですか？」といった作業手順の確認は，できれば早めに相談することが，組織全体としての機能を向上させることにつながる。

もしも，不慣れな業務を1人で抱え込んで，あなたが心身の健康を害してしまうような事態になってしまったら，それこそ多くの人に1番深刻な迷惑をかけてしまうことを忘れてはならない。行き詰まってしまう前に人に助けを求めることは，恥ずかしいことでも無責任なことでもない。今の自分の能力と状態に応じて最善を尽くそうとしても，その業務の遂行に支障がありそうなときには，事情を話して助けてもらうことが適切である。そのことで，あなたが「借りができてしまった」という負債感を感じたとしても，いつかお返しできる機会は必ず訪れるものである。

☐ 4つのタイプの依頼

　先述したように，ソーシャル・サポートには4つのタイプがあることから，他者に何かを依頼するときには，自分がどのタイプのサポートを求めているのかを明確にすることが大切である。

　例えば，うまくいくか不安なので，話を聞いてもらいたいときがある。このようなときには，情緒的サポートを求めていることになる。あるいは，2時間ほどこの作業を手伝ってもらいたいときには，道具的サポートを頼んでいるわけである。また，今までのやり方ではうまくいきそうにないので，他の有効なやり方を教えてもらいたいときには，情報的サポートを求めていることになる。そして，励ましてもらったり，努力をねぎらってほしいときには，評価的サポートを求めていることになる。

　ソーシャル・サポートのタイプによって，誰にサポートを依頼するのが適当なのかが異なることもあるので，自分が求めているサポートに的確に応えてくれるのは誰かを考えることも重要である。

☐ 管理職などの上司への頼み方

　管理職などの上司は，あなたの業務遂行を管理すると同時に，うまくいくようにサポートする義務を負っている人たちでもある。すなわち，上司は，あなたの業務について，あなたがどのような計画で遂行しようとしているのか，進捗状況はどうなのか，何か支障はないか，成果はあがったのか，などを常に気にかけている。これに応えるためには，ホウ・レン・ソウ（報告・連絡・相談）が欠かせない。あなたは，業務遂行の手順やスケジュールについて，自分勝手に決めたりせずに上司に相談しながら進める必要があるし，「明日から，○○の作業に入ります」などの（事前）連絡をしたり，「今日から，○○の作業を始めました」などの（事後）報告をしたりすることが大切である。

　その業務遂行について，あなた1人では克服することが難しいような問題があるときには，上司にそのことを報告して，対処方法について相談したり，援助を求めたりする必要がある。例えば，教師は複数の業務を担当しているので，同じ時間帯に複数の業務計画が重なることもある。このようなときには，できるだけ早く，上司にそのことを伝え，対応方法を相談することが大切である。

　逆に，その他の教師のサポートを上司から依頼されることもある。支障がないときは，日頃お世話になっている同僚にお返しができる機会となるので，積極的に引き受

けるようにすべきである。ただし，そのときのあなたの業務に差障りがあるときには，率直にそのことを伝えて，「申し訳ありませんが，今日は○○君の保護者と面談が予定されているので，お手伝いできません」などと断ることが大切である。

学校と保護者，地域との連携を促進させるコツ

　学校教育における課題を解決するためには，多くの場合，保護者や地域住民との連携が必要になる。この場合，その中心的な役割は学校が担うことになるので，"連携"という表現が用いられていたとしても，実際には，学校から保護者や地域住民に協力を依頼する場面が多い。

　連携の目的を共有することも大切だが，それぞれが役割を分担しながら活動を継続するためには，学校からの情報発信が欠かせない。すなわち，学校と保護者，地域の連携がうまくいくかは，ホウ・レン・ソウ（報告・連絡・相談）にかかっている。

　決まったことは必ず報告して，取り組みがどのように進んでいるかをできるだけ詳細に連絡すると，保護者や地域住民は，学校が単独で行っているのではなく，自分たちもその活動に参画しているという意識をもつことができる。また，気づいた点や改善点について問い合わせるなど，相談しながら活動を進めることで，保護者や地域住民の参画の意識はより高まるだろう。

　例えば，家庭での学習習慣の定着のために，ノー・テレビ・デーや読書週間に取り組んでいる学校は多いが，取り組みの連絡と記録簿は各家庭に届いたものの，それぞれの家庭でどのように実施されて，全体ではどのような効果があったのか，十分なホウ・レン・ソウがなされていないこともある。また，保護者や地域住民は，学校から発信される情報の量は（学校が考えているほどには）「十分でない」と感じていることも忘れないように注意したいものである。学校新聞やPTA新聞などの広報媒体を使って，十分な情報発信に努めることが重要である。

■ **エクササイズ** ■■■■■■■■■■■■■■■■■■■■■■■■■■

① 断り方の練習：以下の依頼を断ってみましょう。

　a．職場の上司から，来週末までに学習発表会の特別イベントの企画案を作成するように指示された。しかし，あなたは，授業研究の準備で来週まではスケジュールに空きがない。月末まで猶予してもらえればなんとかなりそうである。

　--
　--

　b．大学時代の友人たちから，次の日曜日に映画に誘われた。しかし，その日は祖父の法事に出席することになっている。

　--
　--

　c．職場の同僚から，今週の土曜に自宅での夕食会に誘われた。その日は何の予定も入っていなかった。

　--
　--

② 頼み方の練習：次の依頼をしてみよう。

　d．職場の同僚に，3か月後に予定されている運動会の新しい競技案づくりに協力を依頼したい。

　--
　--

　e．今日の放課後，PTAの役員会議のお世話をすることになっていた。しかし，Aくんがけがをしたので，病院に連れて行くことになった。学年主任に，PTAのお世話を依頼したい。

　--
　--

■■■■■■■■■■■■■■■■■■■■■■■■■■■■■■■■■■

引用・参考文献

木村堅一（1999）コミュニケーションの健康心理学　深田博己（編）　コミュニケーション心理学　北大路書房，160-175．

第6章 断り方と頼み方

■■■■ コラム⑥ ■■■■
小中学生対象のSEL-8Sでの"断り方と頼み方"

■ ユニットの配置

断り方と頼み方については，表1に示したように，自分の意思の表明から始まり，断り方に重きを置きながら学習ユニットが配置されている。小学校低学年では，自分の意思の伝達を意図した「"はい"と"いいえ"」（C2）を，小学校中学年では，頼み方のスキルを身に付ける「手伝ってほしい」（C4）と，断り方のスキルを身に付ける「断る方法いろいろ」

表1 "断り方"と"頼み方"のユニット

学 年	ユニット名	重要な気づきやスキル
小学校 低学年	（C2）意思伝達 「"はい"と"いいえ"」	・自分の意志を表すために，「はい」「いいえ」「わからない」の3つの言い方があることに気づく。 ・これらの言葉を使うための適切な方法（声の大きさ，視線，態度など）があることを知る。 ・適切な方法で自分の意思を明確に伝えようとする意欲が高まる。
小学校 中学年	（C4）意思伝達 「手伝ってほしい」	・周囲の人に何かを依頼する場面での自分の行動を振り返り，改善点の有無に気づく。 ・"頼み方のポイント"（内容の明確化，理由，感謝の言葉）を知る。 ・適切な依頼を実行しようとする意欲を高める。
小学校 中学年	（C5）意思伝達 「断る方法いろいろ」	・誘いや依頼に対して，承諾や断わりを明確に伝えることの重要性に気づく。 ・攻撃的，非主張的，主張的の3とおりの断り方を知る。 ・"断り方のポイント"（明確な断り，理由，代案提示）を身に付ける。
小学校 高学年	（C6）意思伝達 「わたしはしない」	・反社会的行動への誘いや身の安全が脅かされる場面で，明確に断ることの重要性を知る。 ・不当な要求への明確な断り方の言語・非言語スキル（明確に断る，目を見る）を身に付ける。
中学校 1年生	（C2）意思伝達 「はっきり断ろう」	・断ることの重要性を学び，"断わり方のポイント"（明確な断り，理由，代案提示）を知り，必要な場面で断ることができるようになる。 ・違法行為への誘いでは，"危険な状況での断り方のポイント"（明確な断り，理由，代案提示，最後は逃げる）を使って断ることができるようになる。

注：「ユニット」とは授業，「C2」はユニットの整理番号（小中で別々）を表す。表序-5，表序-6参照。

図1 "断るのは,こわかー"のポスター

(C5)を学習する。そして,小学校高学年では,反社会的行動への誘いなど,不当な要求に対する対処の方法を身に付ける「わたしはしない」(C6)を学習する。中学校1年生では,再び断わり方のスキルを再確認する「はっきり断ろう」(C2)を学習する。図1は,断り方のスキルを表したポスター("断るのは,こわかー")である。

　頼み方ではなく,断り方に重きが置かれているのは,友だちからの依頼を断ることが苦手だったり,さらには,何でも引き受けてしまったりする傾向のある子どもたちが多いからである。中には,無理な要求を断われなかったことが原因で,学校不適応になってしまう子どもたちもいると考えられている。

　ただし,頼み方のスキルを軽視しているわけではない。自分のことはできるだけ自分でするように勧めながらも,困ったときやわからないときなどには,適切な他者に助けを求めることも重要なスキルである。例えば,日頃仲良くしている友だちに限らず,遊びに誘ったり,授業でわからなかったところを教えてもらったりするスキルは,間違いなく,その児童生徒の学校適応を高めていくだろう。適切な水準を保ちながら,お互いに助けたり,助けられたりする関係を構築していきたいものである。

C 伝える
第7章 電話でのコミュニケーション

　学校をはじめ職場では，固定電話がコミュニケーション手段として重要な役割を果たしている。この章では，まず直接顔と顔を合わせてのやり取りに比べて，情報量が少ないという電話の特徴を説明する。そして，具体的に電話をかけるときの手順や，話し方の注意点を学ぶ。次に電話を受けるときの方法について学ぶ。特に対応が難しい電話の場合には，まず相手が伝えたい内容を正確に聞き取ること，そのうえで，相手が怒りなどのネガティブな感情をもっているのであればそれに共感することと，電話連絡をくれたこと自体については感謝の気持ちを伝えることが大切であることを説明する。また，関係者に取り次ぐ場合は，相手を不快な気持ちにさせない工夫点として，長く待たせない，用件を聞いた場合は担当者にそれをしっかり伝える，校内の関係者には敬称をつけない，そして担当者には電話があったこと自体の伝達を忘れないといったポイントを説明する。

1 電話の進歩

　通信手段として，私的には携帯電話（ケータイ，スマートフォン）が使われ，また各種SNS（ソーシャル・ネットワーキング・サービス）が普及しているが，より公的な場や仕事の場面では固定電話が一般的である。特に学校では，保護者や地域社会の関係者から受信する電話や，学校からこれらの人たちに発信する電話は，ほとんど固定電話をとおしてであるから，その使い方に関するマナーは非常に重要である。

　近年は，固定電話を置かない家庭が増えつつあり，また私的な個人対個人の用件であればほとんど携帯電話を使用するようになっているので，固定電話の使用に戸惑いを感じる人が増えても不思議ではない。なぜ，固定電話でのやりとりには難しさがと

もなうのか。それは，携帯電話同士であれば自分が話したい人に直接つながるのに対し，固定電話への発信では第3者を介して相手につないでもらわなければならないことが多いからである。固定電話で受信する場合も，かけてきた相手を特定できないときがあり，また自分への電話ではない場合に，取り次ぐ必要があるためである。

なお，携帯電話については，各学校で勤務時間内の使い方や業務にかかわることでの使用方法についてルールが定められているので，よく注意し，違反することがないようにしなければならない。

2 電話でのコミュニケーションの特徴

☐ 視覚情報がないコミュニケーション

テレビ電話でない限り，通常の電話では，見ることによって得られる視覚情報は入手できない。そのため，声の調子や話し方でしか，相手の感情や本音を推測する方法はない。例えば「結構です」という，肯定と否定のどちらにでも使える言葉が使われたとき，たとえ動作が小さくても首を縦に振れば肯定であり，横に振れば否定であることがわかる。しかし，電話ではそうしたしぐさや顔の表情が読み取れないので，発せられる言葉とその抑揚で判断するしかない。

ただし，文字情報が中心の電子メールやSNSに比べると，まちがいなくその場で本人とやりとりをしているので，音声だけであっても微妙な気持ちの違いを察することができる。こちらからの依頼に対して，「はい」と承諾してくれても，それが快諾なのか，あるいはしぶしぶながらの受け入れなのかといった雰囲気の違いを知ることができる。また何より，双方向であるので，送りっぱなしになる手紙や電子メールに比べると，確実に情報の伝達がされていることを確認できるという利点がある。

☐ 対面とは異なる話し方

実際に何度か会ったことがある人に初めて電話をかけて，その声の調子や話し方が対面のときとかなり違っていて驚いたという経験をもつ人は多い。逆に電話でしか話したことがない相手と直接会ってみて，それまで受けていた印象と異なると感じることもある。これは，対面と電話というモード，すなわちコミュニケーションの方法の違いによるものである。

こうしたモードの違いは，声の調子や話し方だけでなく，話す内容やその量も異なることがある。電話ではかなり詳しい内容をしっかりと話せるのに，対面では口数が少なくまた話の内容も簡潔すぎてわかりにくいといった人がいるし，その逆もいる。こうしたモード間での違いがあるということを意識しておくと，一方的に決めつけた判断になるのを防ぐことができる。例えば，電話でのやりとりしかない保護者について，「○○さんは電話してもほとんど話したがらず，どうもわが子のことについて関心がないようだ」といった思い込みは避けることができる。

3 電話をかける

☐ かけ方の手順を身に付ける

　表7-1は電話をかけるときの手順をまとめたものである。通常のビジネス場面と共通する部分が多いが，それだけにそうした一般のマナーから外れないように注意する必要がある。

　相手が他校の教師や地域住民，あるいは教育委員会等であれば，やりとりの雰囲気は保護者の場合とは異なるが，電話のかけ方の手順はほぼ同じである。慣れないうちは，事前の準備として何度かリハーサルをしておくことを勧めたい。なお，資料や文書あるいは電子ファイルの送付を依頼する可能性がある場合は，あらかじめ勤務先学校のファックス番号や送付先となるメールアドレスをメモしておくことも必要である。

☐ 保護者への電話はまずよいことから

　学校から子どもの保護者に電話をかける場合というのは，一般には子どもがけがをしたり急に体調が悪くなったりした，あるいはなんらかの問題行動にかかわったりしたような場合が多い。つまり，あまり良くない連絡内容であるため，どうしても保護者は身構えたりあるいは硬い雰囲気になったりすることが多い。できれば，初めてかける電話は，何か良い行動やあるいはほめてやりたいことを保護者に伝えるものであると，その後の保護者との関係も円滑に進みやすい。「家でもほめて欲しい」「担任として嬉しかったので電話した」といったことを素直に伝えるとよいだろう。

表7-1　電話をかけるときの手順（保護者を想定した場合）

手　順	具体的な行動
メモの準備	相手の電話番号，名前，伝える話の内容（箇条書き）などを書き留めておく。
相手を確認する	出た相手が，自分が電話をかけた相手かどうかを確認する。 「〇〇さんのお宅でしょうか？」 ＊相手が先に名乗った場合は，これは不要。
自分から名乗る	所属と職名（または，相手との関係），氏名を伝える。 「〇〇学校で，△△さんの担任をしています，□□です。」
取り次ぎの依頼	応答した相手が，自分が話そうとした人ではないときは，取り次ぎを依頼する。 「恐れ入りますが，△△さんのお母さんをお願いします。」
用件を伝える	電話の用件を最初に伝える。 「今日お電話したのは，〇〇についてです。」
話を終える	最後は，あいさつや依頼の言葉などで終えるようにする。 「それでは，失礼します。」 「以上の件，どうぞよろしくお願いします。」
電話を切る	電話をかけたほうが先に切るのがマナーとなっている。 できれば，受話器を置く所にあるボタンを手でそっと押す。

☐ 伝えにくい内容の伝達は，"私メッセージ"や"ルール"を使って

　例えば，保護者に提出を依頼していた承諾書や回答が届いていないので，その催促をするような場合は，電話ではどのように話せばよいのだろうか。「まだ未提出なので，早く出してほしい」と単刀直入に話すこともできるが，それでは気分を害する保護者がいるかもしれない。

　こういう場合は，"私"を主語や主体にした言い回しをするとよい。例えば，上の例では「まだ，手元に届いていませんのでお電話させていただきました」といった言い方である。「私の手元に届いていない」「私は受け取っていない」というように"私"を中心にした表現にすると，伝える内容は同じでも相手に対する攻撃性は低くなる（第5章参照）。こうした言い方はビジネス場面でよく使われているので，機会があればよく注意しておくと参考になる。

　また，「〇日までにご提出いただくことになっています」といったように，すでにルールになっていることを伝える方法もある。電話をかけている自分の判断で決めたことではなく，すでに決められているルールであるので，それに従うことを要求するという意味である。学校全体での取り決めや，あるいはPTAでの申し合わせなどは，こうした例にあたる。不満や納得いかないことがあるなら，そうしたルールを決めた組織にしてほしいという意図が伝えられることになる。

4 電話を受ける

☐ 電話の受け方

電話は予期せぬときにかかってくる。そのため、かけるとき以上に難しさがともなうので、いろいろな場面を想定して練習しておくとよい。表7-2は、電話を受けるときの一般的な手順を大まかにまとめたものである。通常のビジネス場面と共通する部分が多いために、そうした一般のマナーから外れないように注意する必要がある。

☐ 重要案件や苦情への対応

学校にかかってくる電話の中で対応が難しいのが、いじめや子ども間のトラブルに関する電話やなんらかの苦情を訴える電話である。自分が担当する内容であれば、しっかりとした対応が求められる。基本となるのは、相手が言いたいことを理解することと、その気持ちを受け入れることである。

まず、相手が何に関して電話をしてきたのか、何を言いたいのか、どうしてほしいと言っているのかをしっかりと聞く必要がある。5W1H（いつ、どこで、だれが、何を、なぜ、どのように）が基本であり、これをきちんと聞いて確認するためにも、メモを取ることは有効である。場合によっては、「○○ということですね」と要点をまとめたり、質問したりして明確化することによって、互いの誤解を避けることができる。いじめについても、その確認を求めているのか、あるいはいじめを止めることを求めているのかなど、内容は異なる。

気持ちを受け入れるというのは、電話をかけてきた相手の怒り、戸惑い、不安などを察しそれに共感することである。「気分を害されたでしょう」「困られたお気持ちはよくわかります」「さぞ心配だったでしょう」といったように、話し手の気持ちを受け入れると、相手もこちらの誠意を感じて落ち着いて話を進めることができる。

ここで注意が必要なのは、気持ちを受け入れることと、謝罪することは別であるということである。事実を確認しないままに謝罪してしまうと、あとで真相が判明したときに謝罪を取り消しても、「あのとき、非を認めて謝ったではないか」と言われて、事態を悪化させかねない。大切なのは、内容の真偽は別にして、相手がネガティブな感情をもっていることについて、こちらが共感していることを伝えることである。

表7-2 電話を受けるときの手順（保護者からの電話を想定した場合）

手　順	具体的な行動
電話に出る	呼び鈴3回以内に電話に出る。何かの事情でそれ以上待たせた場合は，「お待たせしました」と言う。
自分が誰なのかを伝える	学校名と自分の氏名を伝える。言い慣れると早口になり聞き取りにくくなるので，ゆっくりと話すようにする。 「〇〇学校の□□です。」
相手を確認する	相手が名乗らない場合は確認する。 「失礼ですが，どちら様でしょうか。」 ＊十分に聞き取れなかったときは，確認する。 「恐れ入りますが，もう一度お願いいたします。」
用件を聞く	自分宛ての話であれば，用件を聞き，内容を確認する。 「〜ということでよろしいでしょうか。」 対応について自分で判断できなかったり，他の担当者に回す場合は，あわてずに対処する。 「少しお待ちください，担当の者に代わります。」 ＊取り次ぐ場合は，必ず電話を保留状態にする。
相手の連絡先を聞く	相手を長く待たせる可能性がある場合は，こちらからかけ直す旨を伝え，相手の電話番号を聞く。番号は確認をする。 「少し時間がかかりそうですから，後ほどこちらからお電話させていただきます。お電話番号をお聞きしてよろしいでしょうか。」 「番号は〇〇〇〇ですね。」
話を終える	最後のあいさつをして電話を終える。 「それでは，失礼します。」
電話を切る	相手が切ったことを確認してから，受話器を置く。

☐ "嫌な"電話にも感謝の気持ちで

　子どものいじめやトラブル，あるいは学校への苦情といったように内容はさまざまでも，相手は時間と電話代を使って電話をしてきてくれている。極端なクレーマーは別にして，一般的には電話をかけるまでに多少の迷いやなんらかの決心をしているであろう。そうしたコストを払ってまで，こちらが知らなかった情報や表面からはわかりにくい思いを学校に伝えてくれているのである。そうであるから，「お電話をいただいてありがとうございます。様子がよくわかりましたので，すぐに対応させていただきます」といった一言が入ると，たとえネガティブな感情で電話をかけてきたとしても，相手の思いは和らぐだろう。

　一般に，さまざまな不満や不快な感情をもっても，それを素直に伝えてくれる人は少ない。そういう人はどのような行動に出るのか。飲食店や商店であれば，もはやそこを利用することはないだろう。そういった客からの率直な感想を引き出して改善に結びつけるために，利用客にアンケートの記入を求めるのである。同様の考え方が学

校にも当てはまる。明らかに理不尽なものは別にして、なんらかの思いや学校側が気づかなかったことを知らせてくれたことについては、感謝の言葉を伝えるとよい。

☐ 取り次ぐ場合の注意点

　電話の内容が自分の担当する子どもや校務分掌等に関することでない場合は、基本的にはその直接の担当者につなぐことになる。その場合に忘れてならないのは、かけてきた人に不快な思いをさせないことである。例えば、「ちょっとお待ちください」と言って、1分以上保留音が流れたままでは、「早くしろよ！」と怒りを買ってしまう。担当者が不在の場合、「今から呼び出しますが、少しお待ちいただいてかまいませんか」と、待たせても支障がないかどうかを確認する必要がある。

　呼び出しに時間がかかる場合には、担当からかけ直すことを伝えて、相手の電話番号を聞いておくようにする。また、「後ほどかけ直します」と言う場合は、どのくらい後なのかを伝えておかないと、いつまでも相手を待たせて気をもませることになる。「10分以内に」や「授業が続いていますので、電話をさせていただくのは昼休みの○時過ぎになると思います」といったように伝えると丁寧である。

　なお、他の教職員に取り次ぐ場合でも、相手が用件を話し出してしまったり、あるいは話を聞かないと誰に取り次げばよいのかがわからないことがある。その場合には、話の内容を聞いて確認したうえで、担当者が電話に出る前に、相手の名前と話の内容をしっかりと伝える必要がある。何も伝えないままだと、担当者が電話口に出たときに、相手は同じことを再度話さなければならないので、「同じことを何度も話させるな」と不快な思いを強くすることになる。

　ここで注意しなければならないのは、電話での対応に限らず学校外の人と話したり接したりするときには、学校内の者に敬称を使ってはならないということである。日常的に学校内では、「校長先生」「○○先生」と呼び合っていても、電話等では「先生」のような敬称はつけずに「校長につなぎます」や「○○は出張で不在です」のように言わなければならない。最初は呼び捨てにすると言いにくいかもしれないが、それがルールであるからその言い方に慣れる必要がある。

☐ 電話があったこと自体が重要な情報

　他の教職員にかかってきた電話で、その場に担当者が不在の場合、かけてきた人が用件を話さないまま電話を切ることがある。その場合も、担当者にだれそれから何時

頃（時刻）に電話があったということを必ず伝えるようにする。なぜなら，実はそのかけてきた人からの電話を待っていたところかもしれず，その場合，担当者から急いで連絡を取ることもあるからである。もちろん，逆に担当者は相手を知らず，何の用件なのか見当がつかないこともある。要は，電話があったことの重要性やその後の対応は担当者に任せるとして，電話があったこと自体をきちんと伝言する必要があるということである。

　もし，電話があったことを伝えないままでいるとどうなるか。後から実は電話がかかってきていたことがわかり，担当者から「どうして電話があったことを言ってくれなかったのか。待っていたところだった」と苦情を言われることがあるかもしれない。特に期限が迫っていたり，急ぐ重要な案件であったりすればなおさらである。こうした伝達ミスを避けるために，誰から，誰に，いつ（時分），何に関して電話があったのかを記録するメモ用紙を用意している学校もある。

　なお，電話をかけてきた人が名乗らない場合も，「お電話をいただいたことを○○に伝えますので，お名前をお聞きしてよろしいでしょうか」と名前を聞き出しておく。どうしても名乗らない場合でも，"不明"の人から電話があった，という事実はきちんと担当者に伝えておくとよいだろう。担当者にしてみると，これだけでも電話をかけてきた相手の見当がついて，次の対応をとりやすくなることがある。

■ エクササイズ ■■■■■■■■■■■■■■■■■■■■■■■■■■■■

下のような場面では，どのように応答すればよいかを練習しましょう。

[事例A] 保護者に，遅れている校納金（または支払うべき教材費等）の督促をする電話

　　あなた：（A①　　　　　　）ですが，○○さんのお母さんですか。
　　相　手：はい，そうです。
　　あなた：実は，先月末が期限になっていました校納金についてですが，（A②　　　　　）。
　　相　手：あ，すみません。つい忘れていました。明日，入金しに行きます。
　　あなた：（A③　　　　　　）。

[事例B] 校長が出張で不在の間に，校長宛の電話がかかってきた場合

　　あなた：（B①　　　　　　）です。
　　相　手：○○校長先生はおられますか。
　　あなた：（B②　　　　　　）は（B③　　　　　　　）。昼過ぎまで戻らないようです。
　　相　手：わかりました。また電話します。

あなた：お待ちください。(B④　　　　　　　)。
相　手：△△小学校の教頭の□□です。
あなた：(B⑤　　　　　　)。

[事例C] 苦情の電話を受けた中学校の教師の場合
あなた：(C①　　　　　　) です。
相　手：校区に住んでいる者ですけど，学校の近くのコンビニの前にいつもお宅の生徒がたむろしてて，どうもうるさいんです。注意してちょうだい。
あなた：(C②　　　　　　)。
相　手：多分，塾帰りだと思うんだけど，結構遅い時間にわあわあ言ってるから，声が響いてね。
あなた：(C③　　　　　　)。
相　手：う〜ん。月，水，金が多いかな。だいたい夜10時過ぎだよ。
あなた：(C④　　　　　　)。
相　手：いや，前から少し声はしてたけど，この1か月ぐらいが気になってね。
あなた：わかりました。(C⑤　　　　　　)。
相　手：頼みましたよ。

[事例D] 保護者から，わが子がいじめを受けている疑いがあるという連絡を受けた場合
事務員：先生のクラスの○○さんのお母さんから，先生に電話です。
あなた：(D①　　　　　　)。
相　手：実は，うちの□□が最近どうも元気がなくて気になってたんですけど，同じクラスの知り合いのお母さんが，□□がいじめられてるんじゃないかと教えてくださったんで，お電話させてもらってます。
あなた：(D②　　　　　　)。実は，おととい「いじめ」のアンケートをしたところで，□□さんは特に気になることは書いていませんでした。(D③　　　　　　)。
相　手：はい，本人は何もないと言うんですが，そのお母さんの話では……。

引用・参考文献

長江由美子（2012）未来をひらくビジネスマナー［第2版］——就職活動・社会人デビューを控えたみなさんに　大学教育出版.

日本私学教育研究所（編）（2011）教師生活24時間——初任者におくる教師の心得：教職員必携の実務書　日本教育新聞社.

コラム⑦

小中学生対象の SEL-8S での"ケータイ，スマホ"

■ 携帯電話についての学習

　SEL-8S プログラムでは，固定電話でのフォマールなやりとりではなく，私的な携帯電話（ケータイ，スマホ）の使い方に関して，表1のように小学生でひとつ，中学生で2つのユニットが設定されている。そして，小学校（F9）では，"みっか，みてへん"（図1），中学校（D3）では，"こわれて"（図2）といった語呂合わせで学びの要点を学ぶようにしてある。

　ICT（情報通信技術）の進歩と普及は著しく，子どもを取り巻く環境は日々変化している。「2～3年前まではまだほとんど普及していなかったのに，最近は……」といった会話があちこちで聞かれる。子どもの社会的能力の発達とは無関係に，次々と新しい情報通信機器や通信ソフト，そしてネットワークシステムが出現し普及しているので，そうした実態に合わせた取り組みが教育に迫られているのが現状である。

　また，携帯電話の費用は保護者が払っているのであるから，この取り組みには保護者との連携が必要不可欠である。さらには，こうした場を利用して，子どもと保護者との話し合いや関係づくりのチャンスとすることができる。表1のユニットでも，その面を意識した展開を設定してある。各学校での積極的な取り組みに期待したい。

表1　"携帯電話（ケータイ，スマホ）"のユニット

学　年	ユニット名	重要な気づきやスキル
小学校高学年	(F9) 携帯電話「マナーを守ろう」	・携帯電話の特徴と危険性（高額請求，アダルトサイト，犯罪につながるなど）を知る。 ・マナー（チェーンメール転送，迷惑メール返信，デジタル万引きをしない）を守って使うことへの意欲を高める。 ・保護者と相談してルールを決め，使うようにする。
中学校2年生	(D3) 携帯電話「顔の見えないコミュニケーション」	・携帯電話やインターネットを使ったコミュニケーションのメリット・デメリットを理解する。 ・"メール・書き込みのポイント"（丁寧に書く，言葉づかい，冷静な判断，大人に相談）を知り，携帯電話やインターネットでの適切なコミュニケーションをとるための決意を表明する。
中学校3年生	(D5) 携帯電話「携帯電話のマナー」	・携帯電話を使ううえでの大切なマナーについて考える。 ・携帯電話を使ううえでのルールを家族と相談して決める。

注：「ユニット」とは授業，「F9」はユニットの整理番号（小中で別々）を表す。表序-5，表序-6参照。

第7章　電話でのコミュニケーション

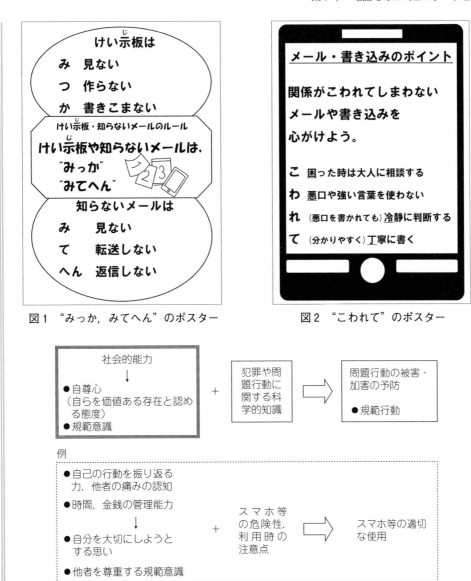

図1　"みっか，みてへん"のポスター　　図2　"こわれて"のポスター

図3　スマホの利用に関する有効な予防教育の方法

■ 子どもの安全を守るための構図

　携帯電話に限らず，子どもの安全を守るためには，単に危険性に関する知識や正しい使い方を教えるだけでは不十分である。図3に示したように，社会的能力の育成と，それにともなう自尊心および規範意識の向上があってはじめて，知識や注意点の理解が効果を発揮すると考えられる。そのためには，SEL-8Sのような学習プログラムを計画的・意図的に実施する必要がある。なお，この構造は，第6章で示したように他の問題行動等にも該当する方法であり，さまざまな事項で留意するとよい。

D 関係づくり

第8章　関係開始

　対人関係の始まりは，その後の関係が続くかどうかに大きな影響を及ぼす。そうした重要性について説明し，関係を開始する場面における話す内容や対人距離など，言語的（バーバル）・非言語的（ノンバーバル）コミュニケーションにおけるポイントを説明する。また，コミュニケーションにおける文化差については，日本と欧米との違いについて取り上げる。さらに，教師と子どもとの関係について説明し，子どもがもつ教師への期待，気になる子どもがもつ教師に対する認識などを述べる。そのうえで，どのように教師が子どもとの関係を構築したらよいのかについて説明する。最後に，保護者や地域住民との関係について説明する。保護者との関係については，信頼関係を構築するポイントを，そして地域住民との関係づくりにおいては，教師や学校側からの積極的な情報提供の重要性を述べる。

1 関係開始のスキル

☐ 関係開始の重要性

　対人関係は出会いから始まる。人事異動で新しい学校に勤めるとき，初めての研修会に参加するとき，新しく担任をする子どもの保護者と話をするときなど，さまざまな場面で初対面の人と出会う。初対面の人に会うと，お互いに「こんにちは。○○学校の○○です。よろしくお願いします」というように簡単なあいさつと自己紹介が交わされる。私たちは，初対面の相手に対して「どんな人だろう」という不安や警戒心を少なからずもっている。あいさつや自己紹介は，そのような相手に対して，こちらが敵意をもっていないことを知らせる初歩的な方法である（第1章参照）。

こうした短時間のコミュニケーションをとおして，相手は「この人は優しそうだ」「この人は親しみがある」といった印象を形成する。初対面での第一印象は，その後の人間関係に強い影響を及ぼす。また，形成された印象は，相手の自分に対する認知を方向づけ，後から入ってくる情報は，形成された印象に適合するように受け取られる。つまり，第一印象で肯定的な印象をもった場合，肯定的な印象に適合する情報を積極的に受け入れようとするのである。そればかりか，初期段階で形成された印象によって，その後の人間関係が進展するかどうかの決定がなされる。一般に，出会ってから2週間前後で，その後仲良くなるかどうかという親密可能性が決定されるという（山中，1998）。つまり，関係の初期段階でのコミュニケーションをとおして形成される印象が，親密な関係を築くための重要な判断材料のひとつになっているのである（小川，2000）。新しい職場の同僚，保護者や学級の子どもとは，1年以上の付き合いが求められるため，関係の初期段階でのかかわりが大切となる。

☐ 他人への無関心

　近年，若者の他人への無関心が指摘されている。ある調査によると，大学生の半数が，「大勢でいるよりも1人でいるほうが好き」で，「相手の話に興味がもてなかったり，すぐ忘れたりする」と答えていることが明らかとなった（東京工芸大学，2012）。学校現場においても，若い教師が他人に無関心で，職場の同僚や学級の子ども，あるいはその保護者とも，積極的にかかわらないという声を聞くことがある。一方で，大学生を対象としたコミュニケーション能力の自己評価に関する調査においても，「誰とでもうまくやっていくことができる」「初対面の人と気軽に話ができる」「人見知りせず積極的に人とかかわる」といった項目について，30％以上の大学生ができていないと回答していた（町田，2013）。これらの結果を考慮すると，他人への無関心は，本当に他人に興味がないというよりも，他者とのかかわり方を知らないことが原因で生じると考えられる。つまり，コミュニケーションに自信がなく，人間関係でトラブルを起こして傷つきたくないという思いから，他人とのかかわりに距離をとっているのである。そのように考えると，他人への無関心を解消するためにも，初対面の相手と気軽に話を始められるスキルを獲得することが求められる。

☐ 社会的スキルと関係開始スキル

　では，対人関係の初期段階においてどのようなかかわり方をすることが望ましいの

であろうか。対人関係におけるかかわり方は，総称して社会的スキルと呼ばれることがある。社会的スキルとは「対人関係を円滑に運ぶための知識とそれに裏打ちされた具体的な技術やコツを総称したもの」（佐藤，2005）と定義される対人関係におけるスキルである。社会的スキルには，「聞く」や「質問をする」などの初歩的なスキルから，「指示を与える」や「あやまる」「納得させる」などの高度なスキルまで含まれる（菊池・堀毛，1994）。その中に，関係を開始するスキル（関係開始スキル）も重要なスキルのひとつとしてあげられている。

関係を開始するためには，まず自分から話しかけ，相手から警戒されないように自己開示しながら，相手によい印象を与え，自分を知ってもらうといったスキルが必要となる。関係開始が円滑に進めば，その後の人間関係は良好に進む。関係開始に関する研究によると，女性において，関係開始スキルが高いほど友人の数が多いこと（和田，1991）や，ひきこもりの人は，対人関係の開始が苦手であること（中尾・高橋・数井，2012）がわかっている。なお，初対面でなくても，久しぶりに出会う場面や1日の始まりとして関係を開始する場面でも，同様のスキルが用いられる。

☐ スモールトーク

関係開始の第一歩は，「おはようございます」「こんにちは」の"あいさつ"，そして，初対面の場合はさらに自己紹介が加わる。あいさつについては，第1章で説明しているとおりである。

その後は，相手のことや自分のことについて探り合う段階に入る。表面的なレベルの内容を話しながら，相手は自分に興味があるのか，相手はどのような話題が好きなのかを探るのである。そこでは，スモールトーク（菊池・堀毛，1994）と呼ばれる本題に入る前の雑談や小話が行われる。スモールトークでは，誰もが知っている話をすることが重要である。例えば，「今日は午後から雨が降るみたいですね」という天気の話や，「昨日のニュース驚きましたね」という話題の時事ネタやテレビ番組の話があげられる。また，相手のことを尋ねるなら，週末の出来事や仕事の話，食べ物の話など，多くの人が話しやすく興味のある話題を尋ねることから始めるとよい（菊池・堀毛，1994）。この他に，ビジネスにおける関係開始段階では，名刺交換が行われる。名刺には，会社名や相手の名前，所属部署，役職，住所などのさまざまな情報が記載されている。この情報をもとにスモールトークの内容を選択することも可能である。

非言語的コミュニケーション

対人関係における印象形成においては，話す内容に関する言語的な側面だけでなく，非言語的な側面も重要である。どのような行動をとれば，相手に肯定的な印象を与えられるのであろうか。小中学校におけるSEL-8Sプログラムでは，相手に声をかけるときのポイントとして，"ハチのあき"というスキルを学習する。"ハチのあき"とは，"は：はっきり言う，ち：近づく，あ：相手を見る，き：（相手の）気持ちを合わせる"の頭文字をさす（コラム⑧参照）。つまり，相手に声をかけるときには，対人距離を近くし，体や視線を相手に向け，相手の気持ちに共感しながら，相手に聞こえる声で話すことが重要であることを意味する。関係を開始する段階においても大切なポイントである。

具体的な対人距離については，近すぎると圧迫感があり，遠すぎると関係を築くことができない。相手が個人を認識するのは，約3.5m以内だといわれている。また，約1.0m以内の距離は，親しい間柄の距離となる。人間には，パーソナルスペースと呼ばれる個人空間が存在しており，その内側に侵入されると不安や緊張を感じる。おおむね，努力しなければ相手の身体に触れることができない約1.5m前後の距離から始めるのがよいとされる。

また，相手の気持ちに共感するというのは，相手の話や相手が感じている気持ちを自分のことのように感じることである。相手の気持ちを共感的に理解できると，相手に対して思いやりのある行動がとれる。例えば，相手が話している内容が楽しい話であると共感的に理解できれば，笑顔で明るい反応になるし，深刻でつらい話であると理解できれば，少しトーンを落とすなどの反応となる。

コミュニケーションの文化差

関係開始場面では，文化差が存在する。例えば，日本人は初対面の相手に対しては，神妙な表情でお辞儀をして「よろしくお願いします」とあいさつをする。しかし，アメリカでは，笑顔で接し握手をすることが一般的である。アメリカ人は日本人よりもフレンドリーな出会いを好む傾向があるといえるだろう。

また，日本人は初対面やお世話になっている相手に対して，「つまらないものですが……」といって手土産を渡すことがある。もちろん自分が選択した手土産を謙遜した言い方である。しかし，英語にはそのような表現はないため，直訳してしまうと，アメリカ人は，「つまらないものをなぜ渡すのか」と疑問をもったり，場合によって

は怒りを感じることもある。アメリカでは、こうした時には例えば「あなたにぴったりのプレゼントを用意しました」というような表現をする。

さらに、日本人は、相手に何かをしてもらったときなどに「すみません」という言葉を頻繁に使う。しかし、アメリカで「I'm sorry.（すみません）」を繰り返したとすると、アメリカ人には、何度も謝ってばかりで自信がない人、不誠実な人という印象を与えてしまう。「すみません（I'm sorry.）」という言葉は、日本人にとっては感謝の意味も含まれる言葉だが、アメリカ人にとっては基本的に謝罪の意味を表す言葉なのである。

このように、日本は他者のことを気づかい、察する、謙遜する、おもんばかるといった他者配慮を重要とする集団主義的な文化である。それに対して、アメリカは個人主義的な価値観であり、してほしいことははっきりと伝える主張的な文化である。こうした文化の違いによって、表現方法や表現の捉え方は異なるため、日本以外の文化圏の相手とかかわる際には、相手の文化を考慮したかかわり方が求められる。

2 子どもとの関係

教師と子どもとの人間関係

教師と子どもとの関係が良好であれば、さまざまな面でうまくいく。こうした関係がうまくいくかどうかは、子どもの教師認知（子どもが教師をどんな人間と認知するか）と、教師の子ども認知（教師が子どもをどんな人間と認知するか）が重要となる。

子どもの教師認知

まず、子どもの教師認知であるが、子どもは担任教師のさまざまな言動を手がかりにして、「信頼できる先生である」「恐ろしい先生である」などの教師に対する認知を行う。その際の手がかりとなる情報は、言語的（バーバル）コミュニケーションと、視線や表情、姿勢、身振りなどの言語によらない非言語的（ノンバーバル）コミュニケーションがある。重要となるのは、非言語的コミュニケーションである。この認知により、子どもの教師に対する態度が形成される。

☐ 子どもの教師に対する期待

また，子どもの教師に対する期待や態度は発達段階によって大きく変化する。例えば，小学校低学年から中学年は，教師に対して優しさを求めており，母親的な教師を期待している。小学校中学年から高学年になると，公平さや熱心さのある父親的な教師であることを期待する。さらに，中学生以上になると，厳正で熱心な人生の先達的教師であることを期待する（岸田，1983）。こうした教師に対する一般的な期待や要求があるものの，子どもごとに個人差があり，同じ教師であっても親しみがあると認知している子どももいれば，好意をもてないと認知している子どももいる。担任教師が，学級の子どもとの関係を構築する際には，子どもが自分のことをどのように認知しているのかを，適切に把握しておく必要がある。

☐ 気になる子どもとの関係構築

問題行動等のある気になる子どもとの関係構築は重要である。問題行動を起こす子どもは，教師との関係に不快な体験をもっているため，教師に対してネガティブに認知していることが多い。いじめ加害経験のある子どもは，加害経験のない子どもに比べて，教師が「困っているときに励ましてくれる」「公平に接してくれる」「生徒の相談にのってくれる」「生徒の気持ちをわかってくれる」「（ルールを）きちんと守っている」「いうことを真剣に聞いてくれる」と感じていないことが報告されている（加藤，2013）。気になる子どもは，関係を開始する前から，教師に対してネガティブな印象をもっているということである（図8-1）。

こうした印象を改善し，良い関係を構築するためには，ソーシャル・サポートが特に重要となる。ソーシャル・サポートは，人間関係による支援であり，①情緒的サポート，②道具的サポート，③情報的サポート，④評価的サポートの4つに分類される。

①情緒的サポートは，本人の気持ちを癒したり，低下した自尊心を高揚させたりすること，②道具的サポートは，本人が必要な資源や情報を提供すること，③情報的サポートは，必要な情報を提供すること，④評価的サポートは，長所や短所を適切に評価することである。特に重要になるのは，気になる子どもの気持ちを理解して支える情緒的サポートである。

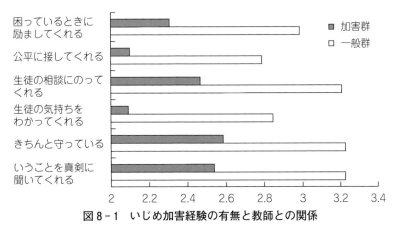

図8-1　いじめ加害経験の有無と教師との関係
出所：加藤（2013）より。

☐ 教師の子ども認知

　次に，教師の子ども認知である。教師の子ども認知は，その正確さや幅広さが求められる。しかし現実的には，子ども認知には知らないうちに歪みが生じている。例えば，人物評価を行うときに，はじめに一部のよい特性に注目すると，全体的によい評価をしてしまうことがある。この現象は，ハロー効果（光背効果）と呼ばれる。ある研究では，教師が学業成績で望ましいと評価した子どもは，望ましくないと評価した子どもに比べて，性格や行動面で教師から高い評価を受けることが指摘されている。別の研究では，教師が子どもに抱く期待の高低によって子どもの学業成績に対する原因の求め方（原因帰属）が異なることを指摘している。同じ高成績であっても，高い期待を抱いている子どもの場合は，本人の能力に原因帰属するが，期待の低い子どもはそのような傾向が低くなるという。

　そのため，教師は，こうした歪みが生じることをしっかり理解すること，そのうえで，児童・生徒1人ひとりが独自な，そしてかけがえのない人間であるという確固たる人間観にもとづいて児童・生徒理解に努めることが不可欠である。

3　保護者や地域住民との関係

☐ 保護者との関係

　保護者は，さまざまな苦労を繰り返しながら子育てをしてきた。そして，大人にな

るまで子どもとのかかわりを引き受ける責任がある。教師は，この事実をきちんと認識することが大切である。こうした保護者との関係では，信頼関係を構築して，協力関係を保つことが重要である。

　そこで，教師に求められる態度は，保護者の立場に立って耳を傾ける傾聴の姿勢である。つまり，保護者のありのままの受容と共感的理解を含めたカウンセリング・マインドが求められる。

保護者との信頼関係を築くポイント

　保護者との信頼関係を築くポイントとして，まず保護者を責めないことである。教師は，子どもの問題行動を保護者の養育態度に原因があると考えてしまうことがある。しかし，こうした批判的な態度は，保護者が責められたと感じてしまい，子どもの問題が悪化することも懸念される。そこで，保護者を責めるような否定的な言動は避け，反対に，子どもをほめることによって，間接的に親に対する注意を促したり，協力を求めるようなかかわりが望まれる。子どもが教師にほめられることは，保護者にとってもうれしいことであり，保護者がうれしいと子どもに笑顔で接するゆとりもできる。これにより，保護者は子育ての自信を回復すると同時に，学校に協力しようとする姿勢も現れてくるものである。

　次に，家族の置かれている状況を理解することである。教師は，個別面談や家庭訪問等を活用して，家族状況のほか，保護者が頼っている人や相談できる人などの有無を把握できるように，情報収集を行う。プライベートな内容であるため慎重に情報収集する必要があり，家族の置かれている状況を理解し，保護者の大変さを理解することがよい関係を築く第一歩となる。

　さらに，保護者がもっている学校イメージを良好なものに緩和することである。気になる子どもが教師に対してネガティブな印象をもっているように，保護者も自身の経験や子育ての中で，学校に対するイメージが固定化していることがある。それにより，教師の言動が過去の経験から拡大されることもある。また，保護者が教師に対して表現する不満は，過去から蓄積された学校への非難であることもある。教師は自分が非難されたと思わないようにすることが大切である。さらに，こうした学校イメージをよいものにするためには，ひとつでもよい経験をもってもらいたいという気持ちをもって，かかわり方を模索する姿勢がよい。

第8章　関係開始

◯ 地域社会との関係

　教育は，学校だけで行われるものではなく，学校・家庭・地域社会が連携することが重要である。子どもの健やかな成長においては，互いに適切な役割分担を果たすことが重要である。そのため，学校は地域住民に対して，情報提供を積極的に行うことが重要である。

　具体的には，地域住民や各種団体等と交流する機会があれば，積極的に参加し，関係を構築しておくこと，そして，学校に協力してくださっている方々へのあいさつを欠かさず，日頃からお世話になっていることへの感謝を伝えることである。さらに，学校開放週間の設定や研究授業や学校の授業公開などを行ったり，学校通信やインターネットなどをとおした情報発信も必要である。

　こうしたことを通じて，地域住民と学校が相互に理解し，信頼を築いていくことが可能となると考えられる。

■ エクササイズ ■■■■■■■■■■■■■■■■■■■■■■■■■■■

【教師用】
① 日頃，次の人たちに"ハチのあき"を用いた言葉かけを自分からしているかどうかを，チェックしてみましょう。
　　□子ども　□同僚教職員　□保護者　□来校者　□地域住民
　　□研修等での訪問先の教職員
② 次の場合では，どんな言葉かけをするとよいでしょうか。
　　a．今日から担任をする学級の教室で，子どもに初めて出会った。
　　b．放課後の職員室で，あまり話す機会の少ない教師に出会った。
　　c．授業参観の後の保護者会に初めて参加してくれた保護者と話をする。
　　d．休み時間に学校の正門付近を歩いていると，初めて顔を見る来校者がいた。
　　e．帰宅途中，学校ボランティアのメンバーである地域住民に出会った。

【教職志望学生用】
① 日頃，次の人たちに"ハチのあき"を用いた言葉かけを自分からしているかどうかを，チェックしてみましょう。
　　□同級生　□先輩　□アルバイト先の人　□指導教師
　　□学外で初めて会う人

② 次の場合では，どんな言葉かけをするとよいでしょうか。
　　f．大学に登校し教室に行くと，同級生に久しぶりに出会った。
　　g．大学の部室に行くと，先輩に出会った。
　　h．アルバイト先に行くと，今日から働き始めるアルバイトの後輩が控室にいる。
　　i．授業と授業の間に教室移動をしていると，指導教師に廊下で出会った。
　　j．教育実習の初日，校長室で少し話をする。

引用・参考文献

加藤弘通（2013）子どもの問題行動とその対応　鎌倉利光・藤本昌樹（編著）　子供の成長を支える発達教育相談　北樹出版.

菊池章夫・堀毛一也（編著）（1994）社会的スキルの心理学　川島書店.

岸田元美（1983）子どもの教師認知・態度　学習指導研修, 9, 84-87.

町田佳世子（2013）就職活動を控えた大学生のコミュニケーション能力に関する意識調査──北海道の企業調査との比較　開発こうほう, 603, 35-39.

中尾達馬・高橋淳敏・数井みゆき（2012）ニート・ひきこもりを考える　数井みゆき（編著）　アタッチメントの実践と応用, 144-168.

小川一美（2000）初対面場面における二者間の発話量のつり合いと会話者および会話に対する印象の関係　名古屋大学大学院教育発達科学研究科紀要　心理発達科学, 47, 173-183.

東京工芸大学（2012）全国の大学生コミュニケーション調査（http://www.t-kougei.ac.jp/static/file/university-student_communication.pdf）.

佐藤正二（2005）ソーシャルスキル教育の考え方　佐藤正二・相川充（編著）　実践！ソーシャルスキル教育　小学校編　図書文化.

山中一英（1998）大学生の友人関係の親密化過程に関する事例分析的研究　社会心理学研究, 13(2), 93-102.

和田実（1991）対人的有能性に関する研究──ノンバーバルスキルおよび社会的スキル尺度の作成　実験社会心理学研究, 31, 49-59.

コラム⑧
小中学生対象の SEL-8S での"関係開始"

■ ユニットの配置

SEL-8S プログラムでは,表1に示すように関係づくりの学習領域Dで,人間関係について学ぶ。そのうち,小学校低学年の関係開始において,重要な"仲間に声をかけるときのポイント"を学習する。関係開始の場面として,遊びなどで仲間に入れてほしい場面を想定している。仲間に入れてほしい場面で子どもたちは,「入れて！」という言葉を用いることが一般的であろう。しかし,声が小さくて聞こえなかったり,相手が遊びの最中で気づいてくれないといったさまざまな場面が想定される。そのため,図1に示す"ハチのあき"を学習し,積極的に仲間入りする方法を学習する。なお,地域によっては「入れて！」ではなく,「よせて」「よして」「混ぜて」「かてて」などの言い方（方言）が存在するので,適宜変更するとよい。

表1 "関係づくり"のユニット

学 年	ユニット名	重要な気づきやスキル
小学校低学年	(D1) 関係開始「入れて！」	・自分から対人関係を開始することの大切さに気づく。 ・"仲間に声をかけるときのポイント"（近づく,相手を見る,はっきり言う,相手の気持ちにあわせる）を知る。 ・"仲間に声をかけるときのポイント"を身に付ける。
小学校低学年	(D2) 協力関係「手伝ってあげよう」	・相手のために自分から対人関係を開始することの意義に気づく。 ・積極的な対人関係を築くことへの意欲を高める。 ・"仲間に声をかけるときのポイント"に加えて,相手には受け入れの決定権があり,自分の申し出が断られることもあることを知る。
小学校中学年	(D4) 協力関係「みんなで力を合わせて」	・学校生活では,多くの場面で互いに協力していくことが大切なことを知る。 ・物事にはさまざまな意見ややり方があることに気づく。 ・意見が違っても怒ったり途中で投げ出したりしないで,互いに協力していこうとする意欲を高める。
中学校1年生	(D1) 協力関係「いろんな意見」	・ブレーンストーミングの手順を知る。 ・ブレーンストーミングの手法を使い,全員の意見を踏まえた最善の集団意志の決定ができるようになる。
中学校3年生	(D6) (男女の) 協力関係「男友達・女友達」	・行動や考え方の性差について考え,異性の特徴を理解する。 ・異性との違いを踏まえて,互いに協力していこうとする態度をもつ。

注：「ユニット」とは授業,「D1」はユニットの整理番号（小中で別々）を表す。表序-5, 表序-6参照。

図1 "ハチのあき"のポスター

その後,人間関係において,協力関係(小学校低学年:D2,小学校中学年:D4,中学校1年生:D1,中学校3年生:D6)に関する内容を学び,関係づくりに関する学びを深める。仲間に声をかける場面は,自分が仲間入りしたい場面だけではなく,困っている人を見つけた場面でも用いることができる。

■ 他者の感情理解の重要性

"仲間に声をかけるときのポイント"の"ハチのあき"(図1)は,困っている人に声をかけるときにも活用できる。しかし,このポイントが活用できるようになるためには他者の感情理解ができることが前提となる。つまり,相手が困っているかどうかがわかるということである。ときには,相手が困っていることがわからない子どもも見受けられる。具体的には,先生の前で泣いている人がいるけど,気にせず先生に話しかける,靴箱の前で困っている人がいるけど,知らん顔をして運動場に遊びに行くといった場面である。

本来であれば,「大丈夫」「どうしたの」というような声かけをする場面である。こうした場面で声かけができない背景には,他者の感情理解ができていない可能性がある。そのため,「仲間に声をかけるときのポイント」を学習することと並行して,他者の感情理解について学習する機会を設けることが望ましい。小学校低学年「いろんな気持ち」(B2)や小学校高学年「相手はどんな気持ち」(B6)では,他者の感情を表情やしぐさから理解するポイントを学習することができる。

D 関係づくり

第9章　問題解決

> 教師が個人として出会う問題やトラブルについて，4ステップでの問題解決法を説明する。①目標設定ステップは，さらに，a.現状や問題の分析と，b.目標設定（ゴール設定）に分けることができる。②解決策案出ステップは，目標を達成するための解決策をいろいろと考え出したり，探したりする段階である。③結果・長短所の予想ステップでは，解決のための各選択肢の結果を予想したり，その長短所を考えたりする。最後の④解決策の決定と実行ステップでは，最終的に最善の選択肢を決定して実行する。具体的な解決にあたっては，考えや予想を"見える化"できるように書き出してまとめていく，問題・トラブル解決シートを提案する。実際の教育実践場面では，まず自分の問題に気づくこと，とっさの判断や対処が必要な重大事態については事前の研修や訓練を活かすこと，結果を予想する見通しをもつ力を養うこと，そしてサポートを求める努力が大切であることを説明する。

1 問題解決とは

☐ 問題解決が必要な場面

　一口に問題解決といっても，対象や場面そして内容はさまざまである。仕事上のトラブル，友人や知人との人間関係のもつれ，金銭トラブル，家族や親族間の軋轢や係争など数えあげればきりがない。できればこうしたトラブルは避けたいが，私たちが生きていくうえで必ず出会うであろう。例えば，仕事の関連では，何か大きな行事やプロジェクトの主催者や担当者になれば，大小さまざまなトラブルが予想される。個人の生活でも，何かの売買にともなう問題，交通事故の後処理，あるいは近所関係の

問題などがある。

　これらの問題の解決を誤るとさらに事態を悪化させかねないが，一方，適切な解決に至れば，人間としての成長につながることが多い。"艱難汝を玉にす"という言葉にあるように，苦労や問題，あるいは辛い体験が，人を立派にすることがあるのは事実である。

☐ 問題解決の4ステップ

　問題にぶつかったときにどのように解決したらよいのか。企業やビジネスの世界ではさまざまな方法が実施されているが，ここでは個人として出会うトラブルや問題についての解決方法について考える。

　具体的には，子ども対象のSEL-8Sプログラムでも使われている①目標設定，②解決策案出，③結果・長短所の予想，④解決策の決定と実行という4ステップで説明する。なお，これらの4ステップはさらに細分化したり別の区分も可能であり，またトラブルや問題の種類によって他のステップを挿入することもあることを断っておく（表9-1）。

☐ ①目標設定ステップ

　この第1ステップは，さらに2つに分けることができる。①a"現状や問題の分析"と，①b"目標設定"である。①a"現状や問題の分析"というのは，まず現状がどうなっていて，何が問題なのかを詳しく調べることである。例えば，新しい勤務地が決まり，通勤手段を考えなければならない状況になったとしよう。この場合，①a"現状や問題の分析"はいたって簡単で，始業時刻に間に合いまた少々遅くても帰りの便がある，毎日のことであるから通勤時間は短い方がよい，さらに頻繁に便があるのかという利便性もあるであろう。また，費用も大切な問題であり，通勤のための補助があるのかないのか，またどの程度の額までは可能かなどの確認である。

　次に，①b"目標設定"は，到達点あるいはゴールの設定と考えればよい。上の通勤手段の例でいえば，新しい勤務地に適した通勤手段を選ぶことである。ただし，例えば当面の手続きとして1か月の交通手段を選べばよいという場合と，頻繁な変更は手続きが面倒なので，かなり固定化した手段として決定しなければならない場合があったりする。後で述べるが，この目標設定は非常に重要なステップである。

表9-1 トラブル解決の4ステップ

第1ステップ	①目標設定ステップ	a. 現状や問題の分析 　　現状と問題の詳しい調査 b. 目標設定 　　ゴールの設定
第2ステップ	②解決策案出ステップ	多数の解決策の案出
第3ステップ	③結果・長短所の予想ステップ	解決案ごとの先を見とおした推測
第4ステップ	④解決策の決定と実行ステップ	最善の解決策の選択

②解決策案出ステップ

　ここは，第1のステップで設定された目標を達成するための解決策をいろいろと考え出したり，探したりする段階である。次の第3ステップと同時に合わせて考えることもあるが，ここでは分けておく。可能な限り多数の解決策をあげるのが好ましく，課題によっては情報収集が必要である。あまり解決案が浮かばないときは，自分で調べたり，関係者やこれまでの経験者に尋ねたりすることによって，解決案としての選択肢を増やすことができる。

　先ほどの通勤手段の例でいえば，まず新しい勤務地の正確な住所を確認したうえで，インターネットか地図で最寄りの駅やバス停を調べて公共交通機関を確認するであろう。電車かバスか，さらに電車もJR，私鉄，地下鉄などさまざまな選択ができる地域がある。あるいは自家用車という手段もあるかもしれない。そして，可能であれば，現在その勤務地に通勤している人に，どの交通手段を使っていて，その他にどのような手段があるのかを直接聞いてみるとよいであろう。

③結果・長短所の予想ステップ

　選択肢が見つかったら，それぞれについて結果を予想したりあるいはその長所や短所を考えたりする必要がある。これは，先を見通して推測する段階ともいえる。ひとつ前の②解決策案出ステップでほとんど同時に検討されることもあるが，場合によっては一定の時間と労力が必要なことがある。

　通勤手段の例では，運行されている公共交通機関の便数，所要時間，運賃，さらには始発や最終便の時刻を考慮する必要がある場合もあるだろう。車であれば，ガソリン代や料金（高速道路や自動車専用道路など）の確認もしなければならない。

　実は，大人でもこのステップが短絡的に処理されてしまうことがある。初体験のゆえに，情報収集が間に合わずに見通しのないままに思いつきで対応してしまったり，

十分に情報収集をせずに行動してしまったりする事態である。衝動買いをして後で後悔するといったことは，このステップでの検討の不十分さのためといえよう。

④解決策の決定と実行ステップ

これは，③結果・長短所の予想ステップを経て，最終的に最善と考えられる選択肢を決定して実行する段階である。上の通勤手段の例でいえば，考慮すべき点を総合して，どれかひとつを選ぶことになる。なお，いったん決定して実行しても，不都合があれば再度選択し直す必要がある。こうして，自分にとって最も都合のよい通勤手段を決めることができる。

2 教育場面での問題解決

問題解決の4ステップは，本章の冒頭で述べたようにさまざまな対象や場面そして内容について適用できるが，ここでは主に教育実践場面を中心に，さらに具体的な留意点や工夫が可能な面について説明する。

"見える化"する工夫

困難な問題に遭遇したときに，人はさまざまに思いを巡らせ，解決策を探ろうとする。しかし，場合によっては思考が堂々巡りをして，十分に整理されないままに時間が過ぎ，解決に至らないことがある。これを避けるには，種々の情報や思考内容を"見える化"すなわち視覚化するとよい。

図9-1の問題・トラブル解決シートは，この"見える化"の例を示したものである。ステップごとに，考えたことや予想したことを書き込んでいく。このシートでは第2ステップ（解決策案出）と第3ステップ（結果・長短所の予想）をセットにしてあるが，別々にしてもよい。第4ステップ（解決策の決定と実行）は，この例では順に候補をあげているが，単一の解決策に絞り込むこともあるだろう。

大切なのは，書き出すことによって自分の思考内容やそのプロセスを外部から見る"対象化"を行うことである。ちょうど，悩みや迷いを他の人に話すことによって，それまで自分が気づかなかった視点や考え方に自分で気づくことに似ている。いったん自分の悩みや考えを書き出すことによって，他者の視点に近いものを自分がもつこ

●第1ステップ
　a．現状や問題の分析
　　　・私（教師）の話をきちんと聞かないので，授業が遅れがちだ。
　　　・授業中の子どもの私語が多く，立ち歩く子どもが出てきた。
　　　　→課題：子どもにきちんと話や指示を聞かせることが必要である。
　b．目標設定
　　　・これからの2週間を目途に，しっかりと話を聞く習慣を身に付けさせる。

●第2ステップ　解決策案出ステップ　＋　●第3ステップ　結果・長短所の予想ステップ

解決案	長　所	短　所
a．授業が上手な先生に尋ねる。	・何かヒントがもらえるかもしれない。	・身近にこれぞという先輩が見当たらない。
b．学年主任や教務主任に，率直に相談する。	・親身になって聞いてもらえる。	・相談の時間をすぐには取りにくい。
c．インターネットで改善例を探す。	・自力でやることができる。	・一般的な解決策しか見つからない。
d．自分の授業場面を誰かに見てもらう。	・的確な指摘がもらえる。	・自分の授業を見てもらうのは恥ずかしい。
e．自分の授業場面を録画して，自分で検討してみる。	・他人に迷惑をかけない。	・自己分析に自信がない。
f．子どもに，どうして欲しいのかをアンケートで尋ねる。	・率直な思いが聞ける。 ・他の教師に手間をかけない。	・質問の仕方が難しい。 ・子どもたち自身も，なぜ騒がしいのか理由が言えない。
g．他校の同期のA教師か，大学のB同級生に話を聞いてもらう。	・気兼ねなく聞くことができる。	・指導場面を直接見てもらえない。

●第4ステップ　解決策の決定と実行ステップ
　　・次の順で実施を試みる
　　　①b．学年主任や教務主任に，率直に相談する。
　　　　　なんとか放課後の時間を見つけられないことはない。急を要する。
　　　②d．自分の授業場面を誰かに見てもらう。
　　　　　恥ずかしがっている状況ではない。
　　　③e．自分の授業場面を録画して，自分で検討してみる。
　　　　　まずは自分で気づいていない問題を見つけよう。

図9-1　問題・トラブル解決シート：問題解決の4ステップの"見える化"例（仮想）

とができるようになるのである。また，思考内容を外部に出すことによって，脳内に新たな思考のためのスペース（余裕）をもつことができるといった利点も考えられる。こうして，より的確に解決策を探し，決めることができるようになる。

自分の問題への気づき

　第1ステップの目標設定で大切なのは，まず問題に気づくことである。自分自身が

問題に気づかずに,「自分はうまくできている。特に支障はない」と感じている限り,問題解決への取り組みは開始されない。例えば,子どもの反応はこういうものだ,この学年としては特に問題ない,同僚教師との関係は良好だ,保護者からのコメントがないのでこれでよい,など本人は問題意識をもっていないが,実態としては解決すべき問題があるという場合である。常に自分の達成水準や現状に目を向け,改善すべき点を見出そうとする向上心が必要である。そうすると,自ずと問題点を認識できるようになる。あるいは,周囲の人の指摘にも気づくようになるだろう。

簡単な例でいうと,「私は朝,自分の学級の子どもたちにきちんとあいさつをしている」と思っているかもしれない。しかし,学年や学級に関係なく,すべての子どもに元気な声であいさつをしている同僚教師を見たときに,自分も改善しようという思いになるかどうかである。日々の行動を振り返り,問題を見つけることができるかどうかが,その人を成長へと導く第一歩である。

問題と課題の違い

問題と課題の違いについても,注意が必要である。図9-1の例では,教師の話を聞かない,私語をする,授業中に立ち歩くといった問題にぶつかっている。これらは,対応を迫られている具体的な問題事象であるが,これらを解決するには教師の話や指示が子どもにしっかりと届く必要がある。そのため,"子どもにきちんと話や指示を聞かせることが必要"になる。これが課題であり,具体的な問題を解決するための取り組みの対象あるいはテーマと考えればよい(野口,2002)。そして,目標はその課題に取り組むときの具体的な到達点を意味しており,これから2週間以内に,しっかりと話を聞く習慣を身に付けさせることがゴールとなる。

他の例としては,"子どもが宿題をしてこない""忘れ物が多い"といったことは問題であり,"やるべきことや準備物を子どもが確実に管理できるようにする"というのが課題である。そして,目標設定としては"メモをつける習慣をつけさせ,宿題忘れや忘れ物を,○○までに半分以下にする"といったゴールになるであろう。

事前の研修や訓練を活かす

問題解決場面によっては,第2・第3ステップで時間的な余裕がなく,即座に判断や行動を求められることがある。例えば,なんらかの事故の当事者になったり,その場面に居合わせて,すぐに対応を迫られたりする状況である。こうした場面では,自

分のこれまでの経験から選択肢を選び，行動するであろう。ただし，動揺して落ち着いた判断ができずに，後で後悔することもある。

例えば，これまで見たこともないような大けがをしている子どもを目の前にして，呆然としてしまったり，子どもが反抗的で教師に対して予想もしないような暴言をはいたのでつい手を上げてしまったりといった場合である（第10章参照）。これらの重大な状況や，あるいは対応を間違えるとさらに大きな問題となるような事態については，通常，事前に講習や研修が実施されることが多い。上の例でいえば，救急法等の講習や体罰防止の研修であり，この他，近年は防災避難訓練なども重要になってきている。

一般に，なんらかの危機が発生することが予想されるときに，その被害を回避したり被害を最小限に抑えるための対策は，リスクマネジメントと呼ばれている。一方，実際にそうした危機が発生した状況での対応策は，クライシスマネジメントとして分けられている。学校などの教育場面で想定される危機状況については，各種講習や研修がリスク・マネジメントの一環として実施されることになっているので，それらの意義と重要性を十分に認識して，取るべき判断や行動をしっかりと身に付けておく必要がある。また，そうした場ではロールプレイや実習などが含まれていることもあるので，積極的に体験しておくとよい。重大で対応の難しい事態を想定しての備えであるから，事前の学習の機会を活かそうとする心構えが，後の実際の行動を左右することになる。

☐ 見とおしをもつ力

第2・第3ステップで時間的な余裕がある場合は，多くの解決策を考えて，それぞれについて結果や長短所を予想する必要があるが，これはすなわち見とおしをもって対処する能力を高めることにつながる。囲碁や将棋の対局では，自分の打つ手に対する相手の次の手を読む必要があるが，これと同じで，次の状況やその後の結果がどうなるかを見とおす力を身に付けることにつながる。

先を読み見とおしをもつためには，他者の視点に立ったり，状況を的確に予想したりする必要がある。ある保護者の依頼にこう応えたら，他の保護者はどう捉えるか，隣の学級との対応にずれは生じないか，といった点を配慮する力が，すなわち結果を見とおす力である。図9-1に示したようなメモで整理する習慣が，こうした力を身に付けることにつながると考えられる。

☐ 4つのステップの多様性

　この章では，4つのステップで問題やトラブルの解決方法を説明してきた。しかし，実際にはさらに細かなステップに分かれることがある。例えば，第4ステップの解決策の決定と実行段階では，一度試しを行ってその結果を評価し，再度第3ステップに戻るような場合である。すなわち，よくいわれるPDCA（Plan, Do, Check, Act：計画，実行，点検，改善）というサイクルに該当するもので，図9−1で示した例でいえば，「"d．自分の授業場面を誰かに見てもらう"を選択したが，いろいろな事情で適当な人が見つかりそうにないので，この解決策は適していない」という事態などである。

　また，実際の解決策の実行段階では，そのためのスキルが必要になることもある。乱暴な子どもの指導で，思わぬ行動が多いのですぐに声をあげて叱ってしまうが，保護者とよく話し合って家庭での状況を聞いた方がよいという判断になった場合を想定する。まずは，そういったことについて，保護者に連絡するための電話でのやりとりのスキルが必要になる。まだ自信がないのであれば，適切な経験と立場にある人に指導やサポートを求めることになるだろう。

　このように，実際に4つのステップを実行する際にはバリエーションやその他に必要となる事項があるので，そうした実情を理解しつつ，問題やトラブルの解決策を身に付けていくとよいだろう。

☐ サポートを求めることの大切さ

　職場に関することか個人的事案かを問わず，問題やトラブルによっては，第2・第3ステップで時間的な余裕がある場合もある。その場合，自分なりの解決策の案出や情報収集が可能である。インターネット等での情報収集が可能なこともあるが，状況の細かな説明やそれに合わせた解決策の検討には適していない。そうした場合に，サポートを期待できる周囲の人たちは貴重な存在である。

　具体的なサポートには，情緒的サポート（例：気持ちを支える），道具的サポート（例：実際に手伝ってくれる），情報的サポート（例：情報を提供してくれる），評価的サポート（例：認めてくれる）の4つの種類があるが，そうしたサポートを提供してくれる人たちが周囲に必ずいる（詳しくは第6章と第8章参照）。ただし，自分から求めない限りそれらの人たちからはサポートを得られないことが多い。自分からサポートを求めることをサポート希求というが，困ったときあるいは支援が必要なときにサポートを求めることをためらわないで，自分から働きかけていくとよい。社会的には，

従来以上に学校の教職員に求める要求が多く、しかも基準が厳しくなっている。孤立せずに、適切にサポートを求めるようにするとよいだろう。

☐ 成長の糧にする

　一般に、一度問題やトラブルを経験し、それを上手に処理できると、その経験が次の同種の事態での対処能力を高めることになる。重要な状況や危機事態では、それが起こる前に事前の準備（リスクマネジメント）を行うが、日常生活では日々の体験を活かすことが有益である。適切な解決に至れば、人間としての成長につながることが多いが、もしうまく解決できなくても、その体験は次に活かすことができる。困難な状況や辛い体験を克服することが人を成長させることを意味する"艱難汝を玉にす"という言葉を、本章冒頭で紹介した。苦労や問題に遭遇しても、それらを解決して乗り越える体験をとおして自分を成長に導く機会となるように、これらを活かす構えをもつとよい。

■ エクササイズ ■■■■■■■■■■■■■■■■■■■■■■■■■■■

　次のような問題やトラブルが起きた場合、どのように解決したらよいかを、図9-1の問題・トラブル解決シートを使って考えてみましょう。なお、あらかじめ校種（小学校、中学校）と学年を決めておくとよいでしょう。

① 子どもとの関係
- 他の学級（授業科目）と比べて宿題の提出率が低く、次の授業に差障りがある。
- 部活（クラブ）で担当している子どもの中に、自分の指示に従おうとしない子どもがいる。
- 担任をしている学級の教室内に、いつも子どもの持ち物や学習道具が落ちていて、ゴミが目につくことも多い。
- 授業中に手遊びをしていたり、教科書やノートに落書きをしている子どもが何人かいる。

② 保護者との関係
- 保護者から、自分の子どもがいじめにあっているのではないかという電話を受けた。
- 自分の学級だけ、授業参観後のクラス懇談会に残ってくれる保護者が少ない。
- 自分の学級だけ、保護者からの回答や返信などが少なく、回収物があるときなど

は時間がかかる。
③　同僚教師との関係
・同僚教師の中に，ことあるごとに自分に厳しく当たってくる人がいる。
・隣の学級の担任との関係がどうもぎくしゃくしている。一緒に話し合いたいことがたくさんあるが，その時間を取ってくれない。
・子どもにやらせる時間的な余裕がないし，内容としてもあまり使いたくない学習プリントや参考資料を，勝手に自分の学級の子どもの分も印刷して，使うように強要してくる教師がいる。

④　自分自身に関すること
・学級に関する事務処理が遅れがちで，他の教師に迷惑をかけることもある。
・授業準備が間に合わず，仕事が遅いと言われる。
・なぜか毎月の出費がかさみ，ボーナスでなんとか穴埋めをしている状態である。
・遅刻はしないが，ほとんど毎日，始業時刻ぎりぎりに学校に着く状態が続いている。

引用・参考文献

野口吉昭（編）HRインスティテュート（2002）課題解決の技術——「5段階思考法」がビジネスの勝敗を決める！　PHP研究所.

コラム⑨

小中学生対象のSEL-8Sでの"問題解決"

■ ユニットの配置

問題解決に関するユニットは，D「関係づくり」領域で小中学校合わせて3つ設定されている（表1）。いずれも友人関係のトラブルの解決をテーマとしており，まず小学校高学年で4つのステップでの"トラブル解決のポイント"を学ぶ。中学校1年生で再度このポイントを学び，2年生ではいじめの場面で，いじめの当事者（加害者と被害者）ではなく通常は傍観者の立場になる者に，いじめを解決する方法を"トラブル解決のポイント"を使って考える学習をする。

学習する学年は，学校の実状に合わせて変更してよく，例えば小学校高学年でのユニット（D5）は，小学校4年生でも実施可能である。また，中学校で設定されているいじめ防止のためのユニットは，小学校でも必要になっている現状がある。

■ "トラブル解決のポイント"の指導

問題解決の学習では，①目標設定，②多様な解決法の案出，③結果の予想，④最善策の選択と実行の4ステップからなる"トラブル解決のポイント"が基本となる。各ステップで，

表1　"問題解決"のユニット

学年	ユニット名	重要な気づきやスキル
小学校高学年	(D5) 問題解決「トラブルの解決」	・トラブルは無理に回避するのではなく，解決が重要であることに気づく。 ・"トラブル解決のポイント"（目標設定，多様な解決法の案出，結果の予想，最善策の選択と実行）を知る。 ・"トラブル解決のポイント"を使って対処しようとする意欲を高める。
中学校1年生	(D2) 問題解決「友だちが怒っちゃった!?」	・人間関係においてトラブルが起きたときに"トラブル解決のポイント"を理解する。 ・"トラブル解決のポイント"を使って，自分の身に起こったトラブルを解決することができるようになる。
中学校2年生	(D4) 問題解決「ストップ！いじめ」	・クラスでいじめがあった場合を想定し，被害者の立場や気持ちを考える。 ・"トラブル解決のポイント"を使って，傍観者の立場からいじめ解決のための最善の方法を考えることができる。

注：「ユニット」とは授業，「D5」はユニットの整理番号（小中で別々）を表す。表序-5，表序-6参照。

指導の留意点となるのは次のような内容である（図1）。

①目標設定はいわゆるゴールを定める段階であり，そのトラブルをどうしたいのかということであるから，解決するのは当たり前で一見明白なように感じられる。しかし，問題となる状況を目の前にしても，「そのままでよい」「何もする気はない」と問題解決に向かおうとしない子どももいる。いじめ場面でいえば見て見ぬふりにつながる態度なので，適切なゴール（例：いじめを止めさせる）を設定するような指導が必要である。

第2ステップの②多様な解決法の案出の学習場面では，結果の良し悪しは考慮せずに，できるだけ多数の案を出せるようにする。個人で考えた後，小グループで検討する機会をもつと，新たな視点に気づく子どもがいるだろう。さらに，学級で発表して交流すると気づきがより確かになる。

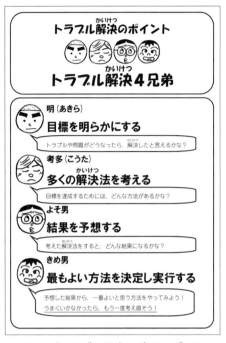

図1 "トラブル解決のポイント"のポスター

第3ステップの③結果の予想では，各案についての結果の予想を立てさせるが，「もし，○○をしたら……」という仮定をしてその後の結果を考えることによって，見通しを立てる体験をする。成長しても重要なスキルであり，その重要性をしっかりと認識させるチャンスとなる。

最後の④最善策の選択と実行では，決定に個人の価値観や考え方の違いが反映されることがある。ここではその良し悪しよりも，なぜそういう選択をするのかという試行のプロセスを重視して，短絡的な決定にならないような指導が必要である。

■ キャリア教育にもつながるスキル

ここでの問題解決のスキルは，進路選択に関するユニット（中学校2年生「私の"夢"」(G2)）でも使われており，応用範囲は広い。子どもにもその点を理解させ，スキル習得を確かなものにできるように指導するとよい。

D 関係づくり
第10章 説明や指示の聞かせ方

学級の中で授業が成立していない状態は"学級崩壊"や"授業崩壊"と呼ばれる。この要因は指導者の側にも子どもの側にもあり，しかも要因間の関係もさまざまであるが，基本となるのは教師と子どもの間の話し言葉によるコミュニケーションである。これが成立するように，指示や説明は簡潔にするとともに最後まで聞くように習慣づけるのが第一歩である。"聞く"には少なくとも3つのレベルがあるが，しっかりと指示を理解し，知識を得られるような聞き方を指導する必要がある。もし，どうしても聞き方が身に付かない子どもがいた場合は，個人のニーズのアセスメントと支援方法の検討が必要になる。これには，その子どもの特性（認知特性，行動特性），家庭環境，それ以前の生活のようすや環境に関する情報収集等が含まれる。意図的に話を聞こうとしない場合は，"こころの信号機"モデルに従った対応が有効である。いずれにしても，日頃から子どもに積極的にかかわっていこうとする教師の姿勢が必要である。

1 "学級崩壊"や授業不成立の改善

授業が成立していない状態

学級の中で授業が行われていながらも子どもの学習がなされていない状態は，"学級崩壊"と呼ばれることがある。文部科学省はこれを，「学級がうまく機能していない状況」と捉え，具体的には「子どもたちが教室内で勝手な行動をして教師の指導に従わず，授業が成立しないなど，集団教育という学校の機能が成立しない学級の状態が一定期間継続し，学級担任による通常の方法では問題解決ができない状態に立ち至

っている場合」(文部省, 2000) と説明している。これは"学級の荒れ"と表現されることもある。

教科担任制の中学校で，ある教科だけ授業が成立していないのであれば，"授業崩壊"と呼ばれる。また，小学校に入学した1年生が，学校生活のルールやリズムに馴染めずに授業が成立しない状態が続くことを"小1プロブレム"と呼ぶこともある。

☐ "学級崩壊"の原因

この「学級がうまく機能していない状況」の原因はひとつではなく，教師の側にも子どもの側にも要因があると考えられる。指導者側の要因としては，教師の指導力不足として，例えば子どもの実態や思いを十分に理解していない，それまでの学校生活での経験（不登校経験，"学級崩壊"など）を把握していない，いじめなどの問題行動への対応が適切でなかったり遅れたりした，子どもとのコミュニケーションが十分にとれていないなどさまざまな点があげられる。

また，学校の対応として，問題解決が担任だけに任されていて教師間の協力・連携体制がとられていない，担当教師（学級担任や教科担任）が頻繁に交代する，校長のリーダーシップが確立していない，幼稚園と小学校あるいは小学校と中学校の間の連携や協力が不足していて情報が共有されていないといった問題がある場合がある。

子どもの側の要因としては，生育過程における生活体験の不足から人間関係を適切に構築する力が低下していたり，あるいは教師を含めて周囲の大人との関係性が変化していたりすることなどが考えられる。また，子ども本人に関すること以外に，家庭の問題として必要な養育を行っていない，家庭でのしつけが不十分である，学校との信頼関係が成立していないといったことも指摘されている（文部省, 2000）。

☐ 基本は話し言葉による言語的コミュニケーション

"学級崩壊"の原因は上にあげたように単一ではないが，基本になるのは教師と子どもの間のコミュニケーションである。それが成立してないために，「学級がうまく機能していない状況」になるのであり，「子どもたちが教室内で勝手な行動をして教師の指導に従わず，授業が成立しない」といった状態になる。このため，日々の学習指導はもちろんのこと，生活の指導なども進まないのである。

コミュニケーションの方法としては，話し言葉や書き言葉による言語的コミュニケーションと，しぐさや表情などの非言語的コミュニケーションがあるが，特に通常学

級の日常の学校生活では，話し言葉による言語的コミュニケーションが非常に重要な意味をもっている。教師の説明や指示は，その大部分が言語によるものだからである。児童生徒の理解を助けるために文字による板書や，また絵や写真あるいは模型や実物などが用いられることもあるが，それらも言語による指示がなければ学習は進まないし，あるいは言語による説明なしでは教材としての十分な機能を発揮できなくなる。

2 コミュニケーション成立のポイント

☐ 簡潔な指示や説明

　"学級崩壊"すなわち「学級がうまく機能していない状況」では，対策として学級を少人数の集団に分割して，それぞれに別々の指導者が入って指導の徹底を図ることがある。教師1人に対して子どもが集団だと話を聞いてくれないが，1対1やあるいは1対少人数であれば，教師と子どもの間のコミュニケーションが成り立つことが多いからである。少人数からスタートして，次第にもとの学級のサイズで学習する機会を増やしていくようなやり方が取られる。

　このことから，まずは集団をきちんと統制して，コミュニケーションが成り立つような暗黙のルールを作る必要がある。そのためのポイントは次の2点，すなわち①指示や説明はわかりやすい言葉で簡潔に行うこと，そして②子どもに途中で口を挟ませずに，最後まで聞くように習慣づけることである。

　まず①指示や説明はわかりやすい言葉で簡潔に行うこと，についてであるが，最初に結論や要点を伝え，そのあとに必要に応じて詳しい説明や理由などを付け加える話し方が求められる。例えば，簡単な例として，「今から〇〇の学習をしますが，大切なことは昨日配ったプリントに書いてありますから，それを見ればわかりやすいと思います」と言ったとする。これを聞いて，"昨日配られたプリントが今から必要になるようだ"とわかる子どもがいても，全員が具体的な行動に移るとは限らない。この場合であれば，むしろ「机の上に昨日配られたプリントを出しなさい」と指示し，全員がプリントを出し終えたら，「今から〇〇の学習をします。このプリントの中に大切なことが書いてありますから，それを見ましょう」としたほうが，子どもには理解しやすい。

　ここで大切なのは，全員の子どもがプリントを出し終わるまで，次の指示や説明をしてはいけないということである。ひとつの指示が実行されないうちに次の指示が出

されると，指示についていけない子どもは学習に取り残されてしまう。それがその後の学習行動に後れをもたらし，結果として子どもの間で学習行動に差が出てしまい，動機づけが落ちるきっかけをつくってしまう。

また，指示が出されてそれに従わなくても，それが特に不都合ではないと感じると，子どもは教師の指示については，「すべてそのままに従う必要はないもの」という認識になり，それが学級全体の行動規範となってしまう危険性がある。

☐ 最後まで聞かせる

次に，②子どもに途中で口を挟ませずに，最後まで聞くように習慣づけることについてである。指示や説明の途中で子どもの質問や発言があると，教師の話が途中で途切れて一貫性がなくなる。また，この状態が恒常的になると，教師の指示や説明は最後まで聞かなくても問題ないという誤ったルールが学級内で共有されてしまう。先の①で示したように，短く簡潔な指示や説明であれば，子どもに途中で不規則な質問や発言の場を与える機会は少なくなる。そして，途中で子どもからの不規則な発言があった場合は，「今，説明しているので最後まで聞くように」と毅然とした対応が必要である。

なお，必ず質問の機会を与えることを忘れてはいけない。その機会を用意することによって，「質問は後でしなさい」と指示することができる。また，こうした質問の機会で出された疑問点から，教師側の説明の改善点を見つけることもできる。例えば，「順に３つ書きなさい」というつもりであったのに，「３つ書きなさい」とだけ指示してしまったとする。このとき，子どもから「順番に書くのですか？」という質問があれば，「順に」という説明が欠けていたことに気づくであろう。次の同様の場面があれば，「順に」という言葉を忘れないようになる。

☐ "聞く"ことの３段階

単に"話を聞く"といっても，実はさまざまな聞き方がある。ここでは，３つのレベルに分けて考える。まず，①物理的に音声が耳には届いているが，認識されていないレベルがある。何かに没頭していたり，あるいは注意を払っていない状態では，耳に音声は届いていてもそれを明確にメッセージとして認識していないことがある。子どもがゲームに没頭して，食事の準備ができたことを知らせる母親の声に生返事をして，一向に行動に移さないといったことが例としてあげられる。また，夫婦や家族の

第10章　説明や指示の聞かせ方

間でも，身近な関係であるがゆえにいわゆる生返事的な応答になってしまうことがある。

次に，②聞いて事実を知ったり，知識を得たりするレベルがある。例えば，使用方法を聞いたり，また講演や講義で新しい知識や事実を得たりする場合である。子どもが学校で新しいことを学習する状況は，ほとんどこのレベルに該当する。大切なことであれば，忘れないようにメモをとったり，またノートに記録するであろう。

最後に，③気持ちや隠れた意図を読み取るものである。これは，単に言葉のうえでの内容以上に，その裏にある感情やあるいは本音を知ることを意味する。例えば，「はい」という同意であっても，本当に同意している場合と不本意な同意である場合，さらには真意は反対であるが表面上の同意である場合とがある。それらは，前後の状況や表情また声のようすなどから察することになる。ここでは，非言語的コミュニケーションも大きな役割を担っている。

学校の学習指導場面では，発達段階に合わせつつ，しかし最低②の"聞いて事実を知ったり，知識を得たりするレベル"が確保されている必要がある。そのための指導が疎かになると，学校生活全般にさまざまな支障が生じることになる。

個人のニーズへの対応

通常，教師は教室内の20～40人程度の子どもを指導する。これらの子どもは1人ひとり顔と名前が異なるように，さまざまな特徴をもっている。しかし，大まかに何歳ぐらいか，男女の割合はどうか，また教師からの働きかけに対する反応は適切かといったことを見ながら具体的な指導方法を調整する。

最近は，子どもの個人特性を理解することの重要性について認識が深まりつつある。例えば，小学校新入生であれば家庭環境を含めて就学前はどういう生活だったのか，また学年が進級した場合，前年までの学校生活はどういう状況だったのかをよく理解しておかないと，最初の出会いから不具合が生じることがある。また，特に発達障害の傾向を含めてどのような認知特性や行動特性があるのか等を踏まえて，情報収集と分析が求められている。

これらは，一口に言うなら子ども個人のニーズのアセスメントと支援方法の検討だと考えられる。高い専門性が求められることもあるが，まずは学校内外の関係機関や関係者との連携と協働が必要である。学級担任や担当教師だけで対応しようとしても，その"守備範囲"には限界がある。そのため，複数の関係者がチームを組み，支援や対応にあたるチームアプローチがとられつつある。

☐ 指示を聞こうとしない子どもの理由

　教師の説明や指示を聞こうとしない子どもの場合，説明や指示に無関心な場合と意図的に聞こうとしない場合がある。どちらにしても教師には扱いにくい子どもであり，その指導には多くのエネルギーが必要になる。いわゆる"押したり引いたりする"ようなやり方で，いろいろな手段を試してより効果的な指導方法を探すことになる。

　その際に必要なのは，子どもの行動にはそれなりの理由があるということを忘れてはいけないということである。なぜ教師の説明や指示に無関心なのか，なぜ意図的に耳を傾けようとしないのかを考え，その原因を探る必要がある。例えば，入学前の幼稚園や学校での生活とのギャップが大きいため，あるいは保護者の養育態度を含めた家庭環境のため，また本人の特性としての情報処理の得手・不得手のためなど多くの原因が考えられる。あるいは，心と体の健康面や進路に関する悩みなどが根底に潜んでいる場合などもある。学年が上がってくると，それまでの学校生活での種々の経験が蓄積されて，例えば学習面での苦手意識がどうしても拭いきれずに授業場面で逃避的に教師の説明を聞こうとしないことなどもある。

　こうした理由は，単独で作用することもあるが，多くの場合複合的である。ただし，主たる理由と副次的な理由に分かれていることもある。いずれにしても，こうした理由をしっかりと見定めようとする姿勢が必要である。

　この姿勢で子どもをより深く理解しようとするとき，問題行動のアセスメントはより核心に迫ったものとなる。「なぜこうした行動をとるのか？」「どこにその原因があるのか？」「何に注目するとこの課題を解決できるのか？」といった視点で子どもの行動を理解しようとするなら，より本質的な子ども理解が可能になる。

　このように，教師の説明や指示に無関心な場合にしろ，あるいは意図的に聞こうとしない場合にしろ，必ずその背景要因があり，しかもそれは子どもによって異なるということを常に心に留めて，それを探ろうとする姿勢を忘れてはいけない。

☐ 具体的な話し方の工夫

　小学校の低学年などで，教師が誰かと話したり何かの説明や指示をしている最中に，横からしきりに話しかけてくる子どもがいる。「ちょっと待ってね」と言っても，すぐに「先生……」と話しかけてくるため，これが何度か続くとついに「さっきから，『ちょっと待って』と言っているでしょ。何度言ったらわかるの！」と声を荒げたくなる。どうしてこうした"聞き分けのない"行動が出てくるのか。

これは，状況の判断力が不十分だったり，また何かを伝えたいという思いが強かったりするためであるが，教師が話し方を具体化すると，子どもの行動は改善する。例えば，「あの時計の長い針が12のところにくるまで待ってね」といった具合である。この種の言い方は，ちょっと，少し，何本か，何枚か，といったようなあいまいな状態を表す言葉に変えて，2分，5つゆっくり数える間，4本，5枚といったように，具体的な数字で話せば解決する。

学年が上がっても，こうしたミスコミュニケーションは，状況の判断が苦手な子どもの場合に生じやすい。特に「あの子は○○だから」と障害名をつけて片づけてしまうのではなく，より具体的な話し方を工夫して，適切な教育環境と教師との好ましい関係性を築く努力が必要である。

☐ 反論したり茶化したりする子ども

子どもの中には，単に教師の話や説明を聞こうとしないだけでなく，半ば攻撃的に教師に向かってくる子どももいる。教師からの指示に「それ，できない！」とか「何で―（なぜそうしないといけないのか）？」と従おうとしなかったり，あるいは周囲の子どもの笑いや受けをねらってふざけたりすることもある。あるいは，明らかに自分に責任があるのに，言い訳をして自分の非を認めようとしない子どももいるだろう。

初めて教壇に立つ教師にとっては，子どものこうした反応は想定外であり戸惑うことが多い。仮に，自分が子どもの頃に学習者の立場で同じような状況を経験していたとしても，指導者として直面すると大きなショックを受ける。学級経営を任されているし，授業を計画どおりに進めなければならない。そうした立場に立つと，この種の子どもの反応は大きなストレスになる教師が多い。

☐ "こころの信号機" モデル

こうした状況では，子どもを対象にしたSEL-8Sプログラムにもある"こころの信号機"モデル（コラム⑩参照）が役に立つ。まず"赤信号"で一呼吸，次に"黄信号"で状況や子どもの様子をよく分析，そして"青信号"で適切な行動をとるという3ステップである。

第1段階の"赤信号"では，深呼吸が一般的である。3回程度のゆっくりとした深呼吸が理想であるが，通常はそのような時間的な余裕はない。特に初回の体験では，気が動転して適切な行動をとれないこともある。ただし，その1回目の体験を分析・

検討して十分に活かせば，2回目は対応がスムーズになる。深く一呼吸するだけでも，次の対応の選択では冷静な判断をしやすくなるのである。

第2段階の"黄信号"では，子どもの発達段階や実態によって，かなり広範囲の選択肢が考えられる。ここでは，上で述べた個人のニーズをどれくらい理解し，またそれに応えようとしているかによってとる行動は大きく異なってくる。

例えば1対1で話せば素直にやりとりができるのに，一定の仲間集団や学級の中では反抗的になったり虚勢を張ったりする子どもがいる。その場合は，集団内での位置を保ちたかったり，その集団内での力関係を誇示したいという欲求が強いのであろう。あるいはそうした役割を果たすことで，その集団が安定するといった場合もある。その気持ちや集団の構造を察していれば，単に「反抗的な奴だ」という認識で無理に押さえつけたりせずに，抵抗をやんわりと受けてほどよく返してやることができる。

最後の"青信号"は実行の段階である。ここは，最終的に表面に出る行動であるが，学年が上がると"赤信号"の段階から表情や態度から教師の対応をしっかりと見ていることが多い。予想されるいくつかの場面において，どのように対応するかを事前に練習（ロールプレイング）しておくとよい。

☐ 日頃からの"かかわる"姿勢が大切

子どもの側からすると，叱責や注意をされるとき，その教師とどのような関係なのかによってその後の行動は大きく変わってくる。逆にいうと，日頃からの子どもへのかかわり方が重要な意味をもつといえる。

小学生であれば，朝，顔を合わせたときに教師の側から「おはよう」と声をかけて，二言あいさつ（第1章参照）をする。中学生であれば，休み時間やその他のちょっとした機会に声をかける。あるいはどうも服装がだらしないと感じるときに，無視しないで「きちんとしよう」と注意する。もちろん，いつもより少しでもよい態度であればそのことを認める。このようにして，"あなたに関心がある。気にしている"ということをメッセージとして送っておくことが大切である。

こうした言葉かけは，「あの教師はうるさい」「しょっちゅう声をかけてきてめんどうだ」と感じさせたとしても，それは少なくともその子どもとの関係の成立を意味している。ほめられたり認められるというポジティブな関係と，注意されたり何かを正されるというどちらかというとネガティブな関係のどちらも，何がしかの関係が成り立っていることを意味している。しかし，意識されていなかったり無視されているという状況は，何の関係も成立していないので，教育的なかかわりがまだもてていない

ことを意味する。そうした状態で突然何かの大きな働きかけをしても，その効果は非常に予測しにくい。ねらいどおりに"行動を正したい"という教師の意図が伝わることがあるが，むしろ大きな反発や暴力的な反応を誘発することもある。

このように，日頃からの"見て見ぬふり"や"知らぬ存ぜぬ"といった姿勢は，教育的な働きかけの効果を生み出しにくい土壌になるということを肝に銘じておく必要がある。

■ エクササイズ ■■■■■■■■■■■■■■■■■■■■■■■■■■■

次のような場面では，どのような指導が適切だろうか。また，その行動の背後にある要因について考えてみましょう。

① ［小学生］：黒板に板書をしていたら，まだ教えていない漢字を書いてしまい，子どもから「まだ習ってないよー。先生，知らないのー？」と揶揄するような感じで言われた。

② ［小学生］：忘れ物が多くて，毎日，必ずといってよいほど学習道具や学習プリントを忘れてくる。それを注意したりその理由を尋ねたりすると，ばつの悪そうな顔をして元気がない。

③ ［小学生］：帰りの会の間際に，急いで全員の子どもの連絡帳に目をとおしていたら，ある子どもがしきりに話しかけてきた（話の内容が，急を要しそうに思える場合とそうではない場合に分けて対応してみましょう）。

④ ［小中学生］：休み時間に，教室内で走り回って騒いでいる子どもがいて，他の子どもとぶつかりそうであぶない。

⑤ ［小中学生］：すぐに隣の子どもと話し出して，その内容が学習に無関係のゲームや他の学級の子どもの噂話のようで，授業中の説明を聞いていない。

⑥ ［小中学生］：授業が始まってしばらくすると，必ずといっていいほどトイレに行ってもよいか聞いてくる子どもが何人かいる。

⑦ ［小中学生］：教師の説明を最後まで聞かずに，ひとつの話ごとに反抗的に細かい質問をしてくる。

⑧ ［小中学生］：教科書を持ってこないで，授業中は他の教科のノートや連絡帳に落書きばかりしている。

⑨ ［小中学生］：保護者に提出を求めた返信の文書を，毎回といっていいほどほとんど持ってこない子どもがいる。

⑩ ［小中学生］：授業中，机につっぷしたままで，学習に取り組もうとしない。

⑪ ［中学生］：これまで話しかけたことのない生徒だが，廊下ですれ違いざまに，規

則に違反する鞄を持っていることに気づいた。
⑫ ［中学生］：朝のショートホームルームで教室に入ったとき，こちらの「おはよう」を無視してあえて返事をしない生徒がいる。

引用・参考文献

文部省（2000）いわゆる「学級崩壊」について〜「学級経営の充実に関する調査研究」（最終報告）．

第10章 説明や指示の聞かせ方

■ ■ ■ ■ コラム⑩ ■ ■ ■ ■

小中学生対象のSEL-8Sでの"感情のコントロール"

■ "こころの信号機"

感情の暴発をコントロールして適切に行動するための学習は、図1に示した"こころの信号機"モデルを中心に配置されている。このモデルでは、まず"赤信号"で止まり、次に"黄信号"で立ち止まって方策を考え、そして"青信号"でその中の適切な方策を実行するという3段階から成り立っている。

"赤信号"では、すぐに暴力に訴えたり、見境なく反応したりするのを止める段階である。心を落ち着けるために深呼吸を3～5回行ったり、あるいは心の中でゆっくり5つ数えたりするといった方法を学習する。自分自身に「落ち着け、落ち着け」と言い聞かせる方法もあるだろう。

"黄信号"は、いくつかの方策や対処法を考えてみるステップである。その中には、暴力的な方法や他人を傷つけるやり方が含まれる可能性があるが、"赤信号"でいったん落ち着くと、通常これらの不適切な方法はあげられなくなる。

図1 "こころの信号機"のポスター
（中学生用）

最後の"青信号"で、適切な行動を選択して実施する。その際、同じ内容の行動でも言い方（バーバル・コミュニケーション）や表情・手振りなどの所作（ノンバーバル・コミュニケーション）によって結果が異なることがあるので、より適切な行動となるよう工夫が求められる。

なお余談であるが、街中の交差点でよく見かける信号機は、信号が横並びで、左から青、黄、赤の順になっていて、ここで学習する赤、黄、青の順になっていない。しかし、数は少ないが縦並びの信号機は、上から赤、黄、青になっているので、ポスターでは縦向きの信号機を用いている。

表1 "感情のコントロール"のユニット

学　年	ユニット名	重要な気づきとスキル
小学校中学年	(D3) 自己制御「こころの信号機」	・怒りや強い衝動を感じたときに，すぐに手や足を出すことの危険性に気づく。 ・"こころの信号機"モデル（立ち止まる，よく考える，最適の選択肢を実行する）を知る。 ・"こころの信号機"モデル実行への意欲を高める。
小学校高学年	(D6) 自己制御「ちょっと落ち着いて」	・予期せぬ事態やさまざまな問題状況では，まず落ち着くことが大切であることに気づく。 ・気を落ち着かせるスキル（深呼吸，数える）を知る。 ・自分に合った気を落ち着かせるスキルを身に付ける。
中学校1年生	(C4) 感情伝達「冷静に伝える」	・怒りを冷静に伝えるための"こころの信号機"モデルを理解する。 ・"I（私）メッセージ"で自分の気持ちや思いを伝えることができる。

注：「ユニット」とは授業，「D3」はユニットの整理番号（小中で別々）を表す。表序-5，表序-6参照。

■ ユニットの配置と発達段階による違い

　感情のコントロールとその伝達に関するユニットは，表1に示した3つである。"こころの信号機"モデルが使われるのは小学校中学年（D3）と中学校1年生（C4）で，自分の怒りや強い感情をコントロールすることを学ぶ。

　同じ3段階のモデルでも，発達段階によって学びの中心は異なる。小学校低学年で大切なのはまず"赤信号"の段階であり，怒りを暴発させない方法の習得がねらいとなる。それに対して高学年では，その後の"黄信号"での選択肢を増やし，また"青信号"での表現方法を工夫することが学びの中心となる。これは，図1に示したように"黄信号"では短絡的に決めつけないで，「ひょっとしたら……」「もしも……」といったように一度立ち止まって，どうしても仕方のない事情や理由があるかもしれない可能性を考え，そして"青信号"では攻撃性を下げる"I（私）メッセージ"の表現方法を身に付ける学習となる。

　なお，小学校中学年（D6）"ちょっと落ち着いて"では予期せぬ出来事に遭遇したときのとっさの対処法として，まず落ち着くことの大切さとその方法を学習する。ここでは，例えば店の商品や展示物をうっかり壊してしまったり，知らない人に突然声をかけられて危険な目にあいそうで戸惑ったりする場面があげられている。"こころの信号機"モデルでいえば，"赤信号"の場面に特化した学習といえる。

　これらのスキルは1回学習しただけで簡単に習得できるものではないが，そのコツを学んでおけば，たとえ初めは失敗することがあっても，そこからより適切な方法へと改善させていく際の有効な手段になると考えられる。

E ストレスマネジメント
第11章　ストレスへの対処

　私たちは，日常生活の中でさまざまなストレスに出会う。特に，教師という仕事は，人とのかかわりが中心となり，さまざまなストレスに直面する。こうしたストレスに対しては，上手に付き合っていくことが大切である。この章では，まずストレスとストレスマネジメントについて説明する。そして，ストレスマネジメントの方法について考える。具体的には，ストレスの原因となるストレッサーへの対処，ストレッサーの受け止め方に関する認知的評価への対処，ストレスによる生理的反応であるストレス反応への対処，そして，同僚や友人，公的な相談機関に支援を受けるソーシャルサポートによる対処である。最後に，自分自身にとって適切な対処法のレパートリーを増やすことの重要性について述べる。

1　教師のストレスマネジメント

□　ストレスとは

　教師という仕事は，子どもを中心に，その保護者や地域住民などとかかわる仕事である。こうした人とのかかわりでは，絶対に正しい対応が決まっているわけでもなければ，明確な成果や結果が示されることも少ない。そのため，1つひとつの対応に対して，常に正しい対応とは何だったのかを問い直さなければならず，強い葛藤が生じることもしばしばである。こうした葛藤は，強い精神的な苦痛となる。そのため，教師は身体的にも精神的にも強い苦痛や疲労をともなう職業といえる。実際に，うつ病などの精神疾患を理由に休職する教師も少なくなく，教師のメンタルヘルスは重要な課題となっている。

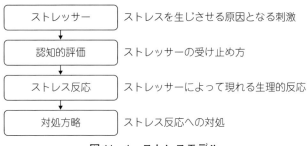

図11−1　ストレスモデル

　こういった精神的な疲労は，一般的に"ストレス"と呼ばれている。"ストレス"という言葉は日常的に使われているが，私たちが日常生活の中で使っている"ストレス"という言葉には，2つの意味が含まれている。ストレスの原因となる事柄である"ストレッサー"と，ストレスを受けた結果として現れる生理的反応である"ストレス反応"の2つである。例えば，「同僚との関係がストレスになっている」という場合で用いられるストレスは，ストレッサーを意味する。一方で，「ストレスが溜まってイライラする」という場合のストレスは，ストレス反応を意味する。この2つの間には，ストレッサーによってストレス反応が生じるという関係があるが，その間には，ストレッサーをどのように受け止めるかという"認知的評価"が関係している。さらに，ストレス反応を軽減するための方法についての"対処方略"が関係している（図11−1）。

ストレスマネジメントとは

　ストレスマネジメントとは，ストレスと上手に付き合うことである。そのためには，①ストレス反応を起こす原因となるストレッサーそのものを除去・軽減する"ストレッサーへの対処"，②ストレッサーに対する受け止め方を変え，ストレッサーをストレスに感じないようにする"認知的評価への対処"，③ストレス反応を軽減させる"ストレス反応への対処"，④周囲の人に相談するなどしてストレスに対処する"ソーシャルサポートによる対処"の4つの対処方略がある。次節以降では，それぞれの対処方略について説明する。

2 ストレッサーを除去・軽減する（対処方略①）

☐ ストレッサーへの対処

　ストレッサーとは，ストレスを生じさせる原因となる刺激のことである。ストレッサーには，暑さ・寒さ，熱さ・冷たさ，過重労働，睡眠不足，栄養不足，身体のけが，病気などの物理的な刺激と，叱られた，いじめられた，笑われたなどの心の負担となるものすべてを含む心理的な刺激がある。物理的な刺激が心理的な刺激に影響を与えることもある。一見，ストレッサーは私たちのメンタルを蝕むような悪い影響を与える存在のように思える。しかし，ストレッサーのすべてが悪い影響を与えるわけではない。例えば，テストを控えたテスト勉強は，普段の勉強よりも集中して取り組むことができる。また，"緊張"というストレッサーにより，スポーツの試合中に練習時よりも高いパフォーマンスができることもある。このように，ストレッサーの程度によっては，私たちによい影響を与えるストレッサーもある。"ストレッサーへの対処"は，悪い影響を与えるストレッサーそのものを除去・軽減することを目的とした対処法である。そのために，ストレスの原因が何であるのかという問題の明確化，ストレッサーを除去・軽減するための情報収集，解決策の考案および実行を行う。人とのかかわりの中では，ストレッサーを除去することは現実的ではない。しかし，ストレスの原因を少しでも軽減することができれば，ストレス反応が少なくなり，ストレスをマネジメントしやすくなる。ストレスの原因となる問題に焦点を当てた対処法であるため，"問題焦点型対処"と呼ばれることがある。

☐ 教師のストレッサーとその対処のポイント

　教師を取り巻く環境の中で，ストレッサーとなりうる具体的な要因には，どのようなものがあるだろうか。具体的には，表11-1のような要因があげられる。
　こうした教師のストレッサーへの対処について，いくつかのポイントをあげておく。
　① 日頃からよい関係を築く
　精神的健康を害する可能性の高いストレッサーは，対人関係によるものが圧倒的に多い。こうした問題を予防するためには，日頃からよい人間関係を築いておくことが重要である。そのためには，日頃から同僚，管理職，保護者と，仕事以外の話をする

表 11-1 教師のストレッサー

ストレッサー	ストレッサーの内容
①子どもとのかかわり	学級崩壊,いじめや不登校などの問題行動への対応,子どもからの挑発行為,指示を聞いてくれない子ども,学業不振児への対応,発達障害児の対応など。いじめや不登校などの問題は多様化・複雑化しており,その対応が難しくなっている。
②保護者とのかかわり	非常識な要求,連絡がとれない,過保護,育児放棄傾向(子どもの面倒を学校に押し付ける),多様な家庭環境など。保護者の価値観の多様化により,教師への期待や要求も変化している。
③同僚とのかかわり	協力的ではない同僚,過剰に干渉してくる同僚,職員室内での孤立化,管理職からの過度なプレッシャーや不親切な言葉,管理職との軋轢など。
④仕事内容	増加する雑務などによる教師の多忙感,昇進や転勤による仕事の変化,教師・保護者・教育委員会の間での対応に迫られる管理職の立場,初めての学年を指導する場合,教育現場の体制への不満など。

機会をつくるように心がけておきたい。特に,保護者との関係においては,指導や依頼をするときだけしか,連絡をとらないことがある。こうした経験が続くと,保護者は教師に対して,口うるさい人というような否定的な印象をもってしまい,トラブルの火種となることもある。懇親会や親睦会などの保護者と交流できる機会があれば,積極的に参加し,保護者とのよい関係づくりをしておくことも有効である。

② 問題は組織で対応する

学級担任であれば,学級で起こった問題は自分の問題として捉え,個人で対応したり,問題を1人で抱え込んでしまうこともある。教師1人で悩みを抱え込むことや孤立化を防ぐためには,個人ではなく組織として対応するようにする。そのためには,問題が大きくなる前から,学年主任や生徒指導担当者,あるいは管理職等へ報告,連絡,相談を行い,情報共有を図ることが不可欠である。

③ 割り切って,距離を置く

人間関係の中では,どうしても相性が合わない相手がいることも少なくない。こうした場合に,無理に相手に合わせようとしたり,相手を変えようとしたりすることは,大きなストレスの原因となる。このような場合,相手から距離を置くことも考えられる。実際に,ストレッサーへの対処には,ストレスの原因となる問題を回避することも含まれる。距離を置くという判断は慎重であるべきであるが,仕事に支障がない程度に距離を置いて,ストレッサーを軽減することも必要である。

④ ストレスの原因を明確にする

ストレスを感じているとき,何がストレスの原因なのかわかっていないことがある。ストレスの原因があいまいで実体のないものであるほど,実際のストレスよりも多くのストレスを感じてしまう。ストレスを感じている原因を明らかにするだけでも,ス

トレス反応は軽減する。ストレスによって，緊張したり不安になったりしたときには，ストレスに向き合うことが重要といえる。

3 認知的評価を変える（対処方略②）

　同じストレッサーであっても，強いストレスを感じる人もいれば，ストレスをほとんど（あるいは，全く）感じない人もいる。ストレスの感じ方の違いは，ストレッサーをどのように受け止めるかという"認知的評価"の違いが影響している。

　ストレスを感じやすい人の特徴として，真面目，正直，几帳面，完璧主義，責任感が強い，周りに気を遣うなどがあげられる。また，①根拠の乏しい推測（例：一度保護者があいさつを返してくれなかっただけで，嫌われていると考える），②完璧主義傾向（例：少しでも間違っていたら全否定してしまう），③否定的な側面の過大評価（と肯定的側面の過小評価）（例：校長から少し指導を受けただけで，教師失格だと考える），④過剰な自責感（例：問題の原因はすべて自分にあると考える）など，ストレッサーを非合理的に認知する特徴がある（非合理的な認知については，第5章参照）。

　非合理的な考え方を修正していくことも，ストレスと上手に付き合うためには必要である。例えば，一度保護者があいさつを返してくれないことがあっても，「たまたま別の保護者に声をかけられてできなかったのだろう」と考えたり，校長から少し指導を受けたときには，「次は，同じことがないように頑張ろう」と考えることなどである。

4 ストレス反応を抑える（対処方略③）

□ ストレス反応への対処

　ストレス反応はストレッサーによって現れる生理的反応であり，心理的反応，行動的反応，身体的反応の3つに分類される。心理的反応には，焦燥感，失敗への恐れ，将来への恐怖・不安，生活への興味の喪失などがあり，身体的反応には，頭痛，胸痛，息切れ，吐き気，めまい，食欲不振，胸やけ，異常な食欲，便秘，下痢，高血圧などがある。そして行動的反応には，集中力や意欲の低下，ひきこもり，睡眠障害，飲酒・喫煙量の増加などがあげられる。

これらのストレス反応を気晴らしなどの方法を用いて軽減するための対処法が"ストレス反応への対処"である。比較的短時間に起こる"情動"と呼ばれる感情をどのように落ち着かせるのかに焦点を当てた対処であることから，"情動焦点型対処"と呼ばれることもある。

☐ いろいろな対処法

　短時間でできる対処法として，深呼吸（表11-2），数を数える（10カウント）などがある。これらの方法は，強烈なストレッサーが出現し，突発的に強い怒りや不安を感じたときに有効な方法である。深呼吸や数を数える際には，30秒程度の時間をかけてゆっくり行うことが重要となる。それは，怒りの感情は6秒程度，その他のネガティブな感情も30秒程度しか持続しないといわれているからである。

　次に，1時間程度でできる対処法として，筋弛緩訓練（表11-2），イメージ・トレーニング（表11-2），瞑想をする，音楽を聴く，アロマを焚く，風呂に入る，柔軟体操をする，読書をする，洗濯や掃除をして身辺をきれいにするなどがある。ちょっとした休憩時間や帰宅後の時間に活用し，翌日にストレスを引きずらないために有効な方法である。

　最後に，休日を利用してできる対処法は，ジョギング，スイミング，サイクリング，登山，旅行，ダンス，美術館へ行く，趣味に没頭する，髪型を変える，新しい服を買うなどがある。ジョギング，スイミング，サイクリングなどは，比較的単純で繰り返しが多い有酸素運動である。同じ動作を淡々と繰り返す運動は，心を無にする効果がある。

　上記に示したさまざまな対処法のほか，最も効果的といわれるストレス対処法は，寝ることである（岡田，2014）。精神的なストレスを抱えると，少しでも解決したい思いから夜遅くまで考えごとをしてしまうことがある。しかし，精神的なストレスによって，身体的にも精神的にも疲れている状態では，よい解決方法が生まれないばかりか，身体的な回復もできず悪循環に陥る。ストレスを抱えて悩んでいるときほど，十分な睡眠をとるなど生活習慣を整えることが大切である。

☐ 対処法に取り組む際の注意点

　その他，ストレス反応への対処法として，飲酒，喫煙，買い物などの方法もあげられる。こうした方法は，適度・適量であれば問題はないが，エスカレートすると依存

表11-2 対処法の例

方　法	説　明
深呼吸	①おなかに手を当て，鼻でゆっくりと息を吸う。息を吸いながら，おなかが張っているか確認する。 ②口から温かい息を吐く。息を吐くと同時に，「落ち着いて，落ち着いて……」と頭の中で自分に言う。 （5～10回程度繰り返す。）
筋弛緩訓練	①体の力を抜く。 ②右の掌をピンと張る（10秒間，以下同じ）。次に，握り拳をつくり固く握る。元に戻す。（左の掌も同様にする。） ③右ヒジをピンと張り，腕をまっすぐに伸ばす。元に戻す。（左ヒジも同様にする。） ④右の足の裏をピンと張る。次に，つま先を丸める。元に戻す。（左の足の裏も同様にする。） ⑤右ヒザをピンと張り，右足をまっすぐ伸ばす。元に戻す。（左ヒザも同様にする。） ⑥腹筋に力を入れる。肩にも力を入れる。元に戻す。 ⑦顔を縦に伸ばす。次に，顔を中心に寄せる。元に戻す。
イメージ・トレーニング	リラックスできる状況をイメージする。 例：ここは南国のビーチです。あなたは，ビーチパラソルの下のシートの上で横になっています。このビーチには誰もいません。ほどよいあたたかさで，心地いい風が吹いています。海は静かに波うっています。青い空，海の匂い……。空には，白い雲がいくつか浮かんでいます。数羽のカモメが空の上を飛んでいます。とても安らぎを感じています。磯のかおりがします。心地よい日差しのあたたかさを感じています。きれいな貝が見えます。海には，イルカが数頭泳いでいます。 　青い空…白い雲…波の音…そよ風…。この空間がずっと続けばいいなと思っています。

出所：小泉・山田（2011）をもとに筆者作成。

症や病気のリスクが高くなるので，十分に気をつけなければならない。また，さまざまな対処法をきちんとこなそうとするあまり，かえってそれがストレスになることにもあわせて気をつけたい。

5 ソーシャルサポートによる対処（対処方略④）

□ サポート源の確保

　ストレスを感じるような問題を抱えたときには，人の助けを求めることも必要である。家族や友人に話を聞いてもらうことで，イライラした気持ちを落ち着かせたり，問題に取り組むパワーをもらえることがある。解決に向けた具体的なアドバイスをも

表11-3 相談機関の一例と対応内容

相談機関	対応内容
こころの健康相談 （厚生労働省）	こころの健康や病気全般 本人だけでなく，家族など周囲の人も利用可能
働く人の悩みホットライン （日本産業カウンセラー協会）	職場，暮らし，家族，将来設計など働くうえでの悩み全般
日本司法支援センター （法テラス）	労働問題や多重債務などの法的トラブルの解決など
いのちの電話 （日本いのちの電話連盟）	自殺を考えるほどのさまざまな困難や危機

らえることもある。また，話を聞いてもらう中で，自分とは違う考え方に気づき，ストレッサーの受け止め方が変化することもある。

悩みを聞いてくれる資源のことを"サポート源"という。自分の周りにどのようなサポート源が存在するのか，あらかじめ確認しておきたい。

サポートを求める相手は，複数名いるとよい。職場の上司（管理職，学年主任など）や先輩，同僚，職場以外の友人などがあげられるが，ストレッサーの内容や程度に応じて相談相手を変更するとよいであろう。例えば，職場の上司には，仕事の内容や保護者対応などの悩みを相談することができる。また，職場の同僚（同学年の教師，同じ年齢層の教職員）には，仕事に対する率直な気持ちをぶつけることもできるだろう。また，職場以外の友人とは，職場から離れて気兼ねなく話をするだけでも，気持ちを落ち着かせることができるだろう。

また，サポート源として大きな存在となるのは，家族だろう。家族に仕事上の悩みやストレスを相談することに抵抗がある場合もあるが，家族はあなたの最大の味方である。ただし，サポート源となるはずの相談相手が，きちんと話を聞いてくれなかったり，誤った助言をしたりすると，さらなるストレスの原因になることもあるので，相談する内容や相談の仕方には十分気をつける必要がある。

☐ 公的な相談機関

職場の人や友人，家族にも相談できない深刻な悩みがある場合は，公的な相談機関を活用することも考えられる。例えば，こころの健康相談，悩みのホットライン，職場のトラブル相談，いのちの電話などさまざまな相談機関が全国各地に存在している。公的な相談機関では，匿名での相談も可能で，相談内容が漏洩する心配がない。この機会に，どのような相談機関があるのか確認しておくとよい。なお，主要な相談機関

を表11-3に紹介する。

6 自分に適した対処

ストレスマネジメントについては，適切にストレスに対処することが重要である。我慢しすぎてしまうと，うつなどのように，精神的健康を害してしまうことがある。そこで重要となるのが，ストレス対処法のレパートリーをたくさん身に付けておくことである。

自分が行っている対処法には，どのような方法があるだろうか。それ以外の方法を試したことがあるだろうか。もしかすると，さらに有効な方法があるかもしれない。また，対応しなければならないストレス状況は多様であり，それらに対応するためには，多くの対処法を活用できることが重要となる。

■ エクササイズ ■■■■■■■■■■■■■■■■■■■■■■■■■■■■■■■■

【教師用】

① 自分が使っているストレス対処法（ストレス反応への対処法）をあげてみましょう。
（　　　　　　　　　　　　　　　　　　　　　　　　　　　）

② ネガティブな考え方を，ポジティブな考え方に変えよう。
　a．事例：公開授業で発問の仕方を一か所間違えてしまった。
　　考え方：公開授業は大失敗→（　　　　　　　　　　　　　）
　b．事例：学年団で取り組んだ活動がうまくいかなかった。
　　考え方：すべて自分の責任→（　　　　　　　　　　　　　）
　c．事例：保護者から苦情めいた問い合わせの電話が来た。
　　考え方：教師失格だ→（　　　　　　　　　　　　　　　　）

③ 悩みを相談できる相手を確認しよう。
　a．職場の上司　　　b．職場の同僚　　　c．友人

④ 公的な相談機関名と連絡先を，3か所調べよう。

【教職志望学生用】

①　自分が使っているストレス対処法（ストレス反応への対処法）をあげてみましょう。
　　（　　　　　　　　　　　　　　　　　　　　　　　　　　　　　　）

②　ネガティブな考え方を，ポジティブな考え方に変えましょう。
　　a．事例：友人に送ったメールの返信がなかなか来ない。
　　　考え方：私のことが嫌いに違いない→（　　　　　　　　　　　　　）
　　b．事例：グループで取り組んだ活動がうまくいかなかった。
　　　考え方：すべて自分の責任→（　　　　　　　　　　　　　　　　　）
　　c．事例：１時間目の授業に寝坊してしまった。
　　　考え方：遅刻なんて恥ずかしい。今日はすべての授業を欠席しよう。
　　　　　　　→（　　　　　　　　　　　　　　　　　　　　　　　　　）

③　悩みを相談できる相手を３名あげましょう。

④　公的な相談機関名と連絡先を，３か所調べましょう。

引用・参考文献

傳田健三（2007）子どものうつ病　母子保健情報，55，69-72．

小泉令三・山田洋平（2011）子どもの人間関係能力を育てるSEL-8S①　社会性と情動の学習（SEL-8S）の導入と実践　ミネルヴァ書房．

岡田謙（2014）事例でわかる教師のストレス対処法　金子書房．

コラム⑪
小中学生対象のSEL-8Sでの"ストレスマネジメント"

■ 子どものメンタルヘルス

"ストレスマネジメント"は，小学生で5つ，中学生で3つのユニットが設定されている。内容については，ストレス反応の認知に関する"ストレス認知"，ストレス反応の軽減をめざした"ストレス対処"，周りの相談相手や相談機関について考える"サポート希求"が含まれている（表1）。また，中学生の"問題防止"の領域では，悲観的な思考を改善する認知的評価に関する"ポジティブに考えよう！"という内容も扱っている。例えば，小学校低学年で学習する"イライラよ，さようなら"（E2）では，イライラが生起する場面での自分の言動の特徴に気づくストレス認知をねらいとしている。学習の対象が低学年であるため，"イライラ猿"（図1）と呼ばれる子ザルの話が導入で用いられている。学習者は，木の上のバナナを取ろうとして何度も失敗しイライラが募った"イライラ猿"の様子を考えたのちに，自分がイライラしたときにはどのような言動をするのかを考えることにより，自分のストレス認知を深めていく。

近年，メンタルヘルスの問題は低年齢化し，子どものうつ病の問題が指摘されている。いじめや不登校，受験，親の離婚や貧困などの家庭の事情などといった子どもを取り巻く環境が，子どもに過度なストレスを与えている。子ども自身の社会性の未熟さから，ストレスに押しつぶされてうつ病になってしまう場合もある。現在の子どものさまざまな調査結果を概観すると，子どものうつ病の有病率は，児童期で0.5〜2.5%，思春期で2.0〜8.0%と報告されているが，思春期の有病率はほぼ大人と同じ割合となっている（傳田，2007）。

図1 "イライラ猿"のポスター

表1 "ストレスマネジメント"のユニット

学　年	ユニット名	重要な気づきやスキル
小学校低学年	(E1) ストレス認知「うれしいこと，しんぱいなこと」	・だれにでも，うれしさ，楽しさ，心配，イライラの感情があることに気づく。 ・これらの感情が生起する場面を説明できる。 ・周囲の人（親，教師，友だち）に，これらの感情を言葉で伝えることができる。
小学校中学年	(E2) ストレス認知「イライラよ，さようなら」	・イライラが生起する場面での，自分の言動の特徴（怒りやすくなる，話さなくなる，整理整頓ができなくなるなど）に気づく。 ・イライラを解消する方法（遊ぶ，誰かに話すなど）があることを知り，自分で試してみる。
小学校中学年	(E3) ストレス対処「こんな方法があるよ」	・ストレス対処法には，多くの種類があることに気づく。 ・ストレス対処法は，社会的に受容されるものと受容されないものに分類できることを知る。 ・自分に合ったストレス対処法を見つけることができる。
小学校高学年	(E4) ストレス対処「リラックスして」	・ストレス対処法のひとつとして，リラクセーション法があることを知る。 ・リラクセーション法を学び，体験する。 ・リラクセーション法のやり方を身に付ける。
小学校高学年	(E5) ストレス対処「わたしの対処法」	・友だちが使っているストレス対処法には多くの種類があることを知る。 ・各ストレス対処法の特徴を説明できる。 ・自分に適したストレス対処法を選択して実行への動機づけを高める。
中学校1年生	(E1) ストレス認知＆対処「ストレスマネジメントⅠ」	・"善玉ストレッサー"と"悪玉ストレッサー"について知り，"善玉ストレッサー"を活かすことで目標達成の動機づけが高まることを知る。 ・"悪玉ストレッサー"を感じた場合は，適切なストレス対処を行う必要があることを理解する。
中学校2年生	(E2) ストレス認知＆対処「ストレスマネジメントⅡ」	・ストレス対処法が，いくつかの方法に分類されることを理解する。 ・自分に適したストレス対処法を見つけ，それを有効に使うことができる。
中学校3年生	(E3) サポート希求「ストレスマネジメントⅢ」	・ストレスを自分で解消できないとき，適切な人や相談機関などにサポートを求めることが有益であることを知る。 ・身の回りに相談できる相手や相談機関があることを知り，サポートを求めることができる。
中学校2年生	(F3) 精神衛生「ポジティブに考えよう！」	・うつや無気力などの症状やその原因を知る。 ・自他の体調や気分の変化に気づき，自分で対処する方法や他者を支援する方法を身に付ける。

注：「ユニット」とは授業，「E1」はユニットの整理番号（小中で別々）を表す。表序-5，表序-6参照。

F 問題防止

第12章 スクール・コンプライアンス

　コンプライアンスとは，法令を守るとともに社会規範に反することをしないことを意味しており，これを学校に適用したものがスクール・コンプライアンスである。過去には，子どもの教育のためであれば多少のことは我慢したり，あるいは学校の教師であれば大丈夫であろうといった信頼関係で多くのことが許容されたりしていた。しかし，価値観の多様化によって，法律にもとづく権利・義務関係で処理していこうとする法化現象が出てきている。こうした状況の中で，教師はまず自己を見つめる力や他者への気づき，また状況を判断する力などに加えて，自尊心と規範意識を高める必要がある。そのうえで教師としての自覚のもとに，不祥事となる行動に陥らないための正しい知識を得ておかねばならない。この章では，具体的には飲酒運転，覚せい剤，体罰行為，交通事故，個人情報の扱い，いじめ防止，わいせつ行為，公費の不適切使用，児童虐待を取り上げる。

1 スクール・コンプライアンスとは

◻ コンプライアンスとは何か

　ここでのコンプライアンス（compliance）とは，「法令遵守。特に，企業活動において社会規範に反することなく，公正・公平に業務遂行することをいう」（松村，2006）といった意味である。はじめは企業経営の中で重視されたものだが，その後さまざまな分野で重要性が注目されている。

　学校も例外ではなく，学校におけるコンプライアンスがスクール・コンプライアンスである。主な内容としては，法律に従うとともに企業活動と同じように社会規範に

147

反することをしないことを意味する。一般にスクール・コンプライアンスが意識されるのは，教職員による体罰行為，交通事故，わいせつ行為，成績などの個人情報の不適切な扱いやそれによる流出，公費の不正使用などがマスコミに取り上げられるときである。逆にいえば，まずはこうした行為や事態が起こらないようにすることが，スクール・コンプライアンスにつながると考えればよい。

☐ 価値観の多様化がもたらしたもの

　近年，学校が地域社会から迷惑な施設として捉えられる傾向が出てきている。例えば，運動会の練習の音楽や指示がうるさい，吹奏楽の練習が長すぎる，校庭の砂ぼこりで洗濯物が汚れる，保護者の車での送迎が迷惑だ，といった苦情が学校に寄せられるようになった。以前は，子どもは地域の宝であり，子どもの教育のためなら仕方のないことだという受け止め方がどこでも主流であったが，それが変化しているといえる。

　地域住民だけでなく保護者にもこの傾向が出ており，例えば要求や主張を，学校ではなく直接教育委員会に訴えたり，さらには訴訟に訴えることを前提に話し合いを始めたりする事例も出てきている。子どものけがや命にかかわる事案では，特にこの傾向が強い。

　これらの傾向は何を意味しているのか。一言でいうと，価値観の多様化がもたらした結果であって，そこでは権利・義務関係が重視されるようになったといえる。上の例では，地域住民としての生活権を守りたいという思いや，学校は子どもの安全を守る義務を果たすべきであるといった考えが強くなっているのである。これまでの，子どものためならという思いや学校の先生なら大丈夫という信頼関係ではなく，法律にもとづく権利・義務関係でものごとを処理していこうという傾向は，法化現象と呼ばれている（坂田，2013）。

　こうした社会傾向の中では，教師1人ひとりがその教育実践が法的にどのような位置づけにあり，どのような意味をもつのかを意識する必要がある。そして，教師という職業柄，日常の市民生活においても，法を守りまた社会規範に反しないような生活態度が求められる傾向が強くなっているのである。

2 教育現場実践における不祥事

不祥事を予防するには

　子ども対象のSEL-8Sプログラムでは，問題行動を予防するための教育の仕組みを図12-1のような構成で考えている。この図は，例えば違法薬物の害（例：健康の阻害）や怖さ（例：依存性）を教えたり，社会的な意味（例：違法薬物は所持だけでも法律違反）を理解させたりするだけでは不十分で，社会的能力を育てるとともに，それによる自尊心の向上やさらに規範意識の育成が必要なことを示したものである。もし，図の左側の社会的能力や自尊心，そして規範意識が不十分な状態で知識だけを教えるとどうなるか。"おもしろそうだ"や"ちょっと，やってみよう"といった興味本位の行動を取る可能性がある。いわゆる"寝た子を起こす"ことになる。

　成人についても同様のことがいえるだろう。自己を見つめる力や他者への気づき，また状況を判断する力などに加えて自尊心と規範意識があるならば，不祥事となる行動についての知識や危険性の理解を得て，問題を防ぐことができる。教師各自が，教師としての自覚のもとに，再度この構図を理解し，また各自で不祥事となる行動についての正確な知識等を確認する必要がある。

絶対にしない飲酒運転

　飲酒運転は，自己管理によって防ぐことができる問題であり，違反した場合には厳しい制裁が科される。特に，これが人身事故や物損事故につながった場合にはさらに重大な事案となることは，ニュース等での取り上げられ方が特に大きくなることからもわかる。公務員や教師の場合には，この傾向がさらに強くなり社会の注目を集めるだけに，十分な注意が必要である。

　どのような状態を飲酒運転とするのかという点については，道路交通法といった法律で細かく決められている。酒に酔っている状態でなくても，呼気の中に一定量のアルコールが含まれていると酒気帯び運転となる。特に，夜遅くまで多量のアルコールを摂取すると，翌朝の運転は酒気帯び運転となることが多い。体質，体格，性別でこれらの状態は異なるが，車の運転を職業とする人はこの点に注意することを厳しく求められている。教師も同様であり，「自分が子どもの頃は，午前中の授業中に酒臭い

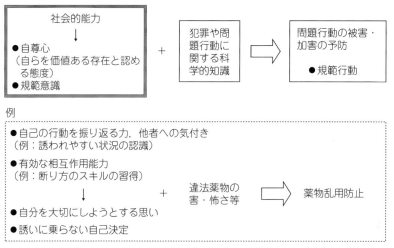

図12-1 犯罪や問題行動を予防する教育の仕組み

先生がいた」といった話は，現在のスクール・コンプライアンスの観点では到底許容されないことである。

☐ 覚せい剤には手を出さない

　覚せい剤は，使用（摂取）だけでなく，覚せい剤取締法で所持や製造も厳しく禁じられている。改めて，その危険性や法的取扱いに関する知識を確認しておく必要がある。

　それとともに，俳優や有名スポーツ選手の覚せい剤使用等に関する報道からもわかるように，ちょっとしたきっかけと本人の油断が覚せい剤の使用やそのための所持につながりやすいことに注意が必要である。「自分は大丈夫」と油断しないで，状況や関係者への警戒心と，誰でもちょっとしたことで手を出してしまう危険性があるということを強く意識しておくことが必要であろう。"絶対に手を出さない"という強い意志をもって，日々の生活を送ることが求められている。

☐ 体罰行為の予防には，まず深呼吸

　体罰は，第2次世界大戦後の1947（昭和22）年に制定された学校教育法はもちろんのこと，そのはるか以前の1879（明治12）年に制定された教育令ですでに禁止されている。しかし，依然として体罰はなくならず，ニュース沙汰になることが多い。

　まず，体罰とは何か。これは身体に対する侵害として叩く，蹴る，突き飛ばす，物

を当てるといったことや,肉体的な苦痛を与えるものとして長時間の正座やトイレに行かせないといったことが該当する。なぜ,こうした体罰がなくならないのか。その背景から考えて,体罰は熱血型と鬱積型に分けることができるとされている(杉山,2015)。熱血型というのは,子どもへの教育愛から思い余って手が出たというタイプで,周囲の関係者や子どもから「教育熱心な先生」といわれることも多い。もう一方の鬱積型というのは,教師と子どもの関係はかくあるべし,という考えが強く,例えば子どもは教師の指示に従うべきであるという思いから,それに従わない子どもに思わず体罰を加えてしまうタイプである。

なお,後者の鬱積型の教師がもつ傾向は,非合理的な思い込み(イラショナルビリーフ)と呼ばれるもので,"(人は,ものごとは)〜ねばならない"という考え方がその他の場面でも強いと,生活が息苦しくなることがある。「うまく話さなければならない」という思いが強すぎると,かえってスムーズに説明できないといったことは多くの人が経験しているだろう。ただし,この傾向が生活全般を支配すると,日々の生活にさまざまな支障が出てくる可能性があるので,一度自己点検してみるとよい。

先に説明した熱血型と鬱積型のどちらも,体罰を指摘されたり,それが明らかになると,「つい,手が出てしまった」といった説明をすることが多い。つまり,自分の感情のコントロールを失ってしまった状態といえる。これについて,児童生徒対象のSEL-8Sでは,"こころの信号機"(コラム⑩の図1参照)を教えている。赤=とまれ,黄色=かんがえよう,青=すすめ,というステップを学ぶもので,大人も子どもも,まずは"とまれ"が第1ステップである。具体的には,まず深呼吸を1〜2回して気を落ち着ける習慣をつけるとよい。そして冷静になった後,次の手を考えたり,いつもの行動に移ったりすれば,"思わず手が出て……"ということにはならない。

☐ 交通事故では,まず"こころの信号機"

公共交通機関がよく整備されている地域を除いて,通勤や出張等のために車の運転ができた方が都合がよいと予想される。運転免許証をもつ者は,免許取得の際に受けた学科試験の準備で,事故の際の対処法を勉強しているはずだが,実際に事故を起こしてしまった場合には,気が動転して適切に行動できないことがある。まずは深呼吸で気を落ち着けることを忘れてはならない。"こころの信号機"は子どもだけでなく,大人にも重要なスキルである。とっさに,「教師が事故を起こしてしまった。どうなる?」と不安をかき立てられるかもしれないが,事故後にやるべきことは決まっている。それをしっかり行えるように,まずは気を落ち着けることが第一歩である。

次に，けが人が出た人身事故では初期対応をしっかりと覚えておく必要がある。①すぐに車の運転を停止する，②負傷者を救護する（安全な場所に運んだり，救急車を呼ぶ），③道路での危険を防止する（他の車の事故防止のために車を動かしたり，あるいはハザードランプをつけたり停止表示機材を置いたりする），④事故が発生した日時，場所，負傷者の数や程度などを警察官に報告するといった義務がある。これらは，法律（道路交通法第72条）で定められているので，これを守らない場合は法律違反となるし，もし車を停めずにそのまま走り去ればひき逃げになってしまう。

この他，通常は任意の自動車保険に入っていることが多いので，その損害保険会社に通知したり，自分がけがをしている可能性があれば，医師の診断を受けておく必要がある。なお，被害者の見舞いとお詫びはその後の示談交渉にも影響するので，忘れてはならないことのひとつである。

個人情報の適切な扱い

個人情報の保護に関する法律（通称，個人情報保護法）では，個人情報とは「生存する個人に関する情報であって，当該情報に含まれる氏名，生年月日その他の記述等により特定の個人を識別することができるもの」（第2条）をさす。具体的には，学校で扱う児童生徒の氏名，住所，連絡先のリストや，成績表などがすべて個人情報となる。

公立学校の場合は，各自治体が定める個人情報保護条例に従って，個人情報の取り扱い方が定められている。私立学校では，法律や文部科学省の指針に従った取り扱い方法が決められている。まず，それらをよく理解して，しっかりとルールを守る必要がある。

実は，個人情報保護法第1条に「高度情報通信社会の進展に伴い個人情報の利用が著しく拡大している」と書かれていることからもわかるように，個人情報の取り扱い方に注意が必要になったのは，情報通信手段の発達と深い関係がある。したがって，学校でも電子データの管理，流出，紛失，遺漏といったことについて，ルールが定められることとなった。

基本となる考え方は，職場である学校の公的空間や公的生活と，学校外の私的空間や私的時間の間で，児童生徒等の個人情報の取り扱いを区別することである。例えば，個人情報の入った記録媒体を学校外に持ち出して自宅（私的生活空間）で休日（私的生活時間）に作業をしたりすると，電子データの流出や紛失，あるいは遺漏の危険性が高まる。また，私物のパソコンを学校に持ち込んで児童生徒に関する何らかの作業

をした場合，もしそのパソコンがウイルスに感染していたりファイル交換・共有ソフトを起動させていたりすると，気づかない間に情報を盗み取られる危険性がある。ここでは，時間と所有物の管理がかかわっており，自らの生活に対する管理能力（第2章参照）を高めておく必要がある。

なお，私的時間で使用する各種SNS（ソーシャル・ネットワーキング・システム）は，文字だけでなく音声や映像などの発信や交流が可能である。気軽に使えるが，安易に子どもに関する情報を発信してしまわないように注意する必要がある。例えば，何か公開したい写真に，副次的に子どもが写り込んでしまっている場合がある。あるいは発信した話題の中に，子ども本人が特定されるような情報が含まれているようなこともある。よく確認して発信するといった慎重な姿勢が必要である。

☐ いじめ防止法が求めているもの

2013（平成25）年にいじめ防止対策推進法（通称，いじめ防止法）が成立・施行され，学校や教育委員会等の対処法が明確に示された。これは，過去に何度もいじめが原因の子どもの自殺事件が発生し，その都度対策が取られているにもかかわらず，悲惨な事件の発生を防ぐことができていないことから，法律で対策が示されることになったものである。

「いじめは昔からあるのに，なぜ法律などを定める必要があるのか」といった疑問や，あるいは「これは教育の話であって，法律問題ではない」といった考えの人がいるかもしれない。しかし，この法律の出現こそが，先に述べた，法律にもとづく権利・義務関係でものごとを処理していこうとする法化現象の現れのひとつであろう。もはや，教育的意義があるので実施する，教育的配慮のもとに対処するといった枠を超えた次元に入っているという認識が，管理職のみならずどの教師にも必要な時代となったといえる。

一方で，この法律にもとづいて関係の組織が整備され，また学校でいじめ調査などの対策が講じられたとしても，いじめ防止の基本となるのは日々の学校生活での児童生徒同士，そして教師と児童生徒の間の関係性であることに変わりはない。教師に求められるのは，SEL-8Sプログラムのような心理教育プログラムを用いて，児童生徒の社会的能力を高めること，また教師自身が子どもを理解し（第4章参照），子どもとの間にしっかりとした関係を築けるようにする（第8章参照）ことが重要である。

☐ わいせつ行為は言語道断

　更衣室やトイレに盗撮目的でビデオカメラを設置する，駅や本屋などでスカートの中を撮影する，路上で背後から抱きつく，痴漢行為をする，18歳未満の女子と性行為をする，などといった事件では，もちろんそれぞれが犯罪であるが，その犯人が教師であればニュースとして報道される率が高い。これは，教師に求められる道徳や規範遵守の社会的基準が厳しいことを意味している。

　性的欲求は，マズローの欲求段階説で1番下の生理的欲求に位置づけられていることからもわかるように，人間がもつさまざまな欲求の中でも，非常に基本的なもののひとつである。だれもがもっていてそれだけ重要であるがゆえに，社会的にはしっかりとしたコントロールが求められている。教師に対して社会が求めるこの面での基準の厳しさは，それほど時代による変化はないようである。アルコールや周囲の状況に影響されることなく，自らをコントロールする力（基礎的社会的能力の"自己のコントロール"）を維持する必要がある。

☐ 公費の不正使用は必ずバレる

　以前に比べると，学校で現金を扱う機会は減っている。しかし学校，学年あるいは学級の経費や，教職員の親睦会費，PTA関係費などを横領したり，不正に使用してしまったりするケースはゼロではない。もちろんこれらはいうまでもなく犯罪であり，横領罪にあたる。

　各種報道などによれば，横領や不正な使用にはその動機がある。例えば大きな借金の穴埋めに使ったり，あるいは分不相応な買物の支払いや異性との交際費にあてたりするために，使ってはいけないお金に手を出してしまうのである。しかも，はじめは少額でまた一定期間後に返済していたのが，それがすぐには明るみに出ないとわかると次第に金額が大きくなり，また「そのうちに返そう……」と思いつつ，返済しないうちに次の使い込みをしてしまうといった事態になる。悪事は必ずバレるということを肝に銘じるべきである。お金がなくてもローンを組めば欲しい物品が手に入ってしまうし，また日常的に消費者金融等でお金を借りやすい時代である。また，教師は社会的信用度が高く，例えばクレジットカードの審査も通りやすい。それだけに，日常的な金銭管理能力（第2章参照）をきちんと身に付けておく必要がある。

児童虐待について教師に課せられた義務

　児童虐待の防止等に関する法律（通称，児童虐待防止法）によって，児童虐待に関して，教師に早期発見の努力義務や発見した場合の通告義務が定められている。これらを怠ると義務違反として，法律に反する行為となる。特に早期発見の努力義務は，教師が子どもと接する時間が長く子どもの変化に気づきやすい立場にあるため，強く求められている。

　児童虐待が明らかになった後で，「自分は気づかなかった」という言い訳は成り立たないことを肝に銘じ，子どもをしっかりと観察し理解する力を養っておく必要がある。教師は，一度きりの出会いではなく一定期間のかかわりの中で得た印象をもとに，「いつもと違う」という気づきを得やすく，また授業時間と授業時間外という質の異なる時間帯で子どもの姿を観察できるという利点がある。また，学級担任，養護教諭，生徒指導担当，部活動顧問，管理職の間で連携することによって，情報共有をできるという強味がある。基礎的社会的能力の"他者への気づき"と"対人関係"の力（序章参照）が求められる。

　なお，一般に学校には児童虐待の発見後も関係機関に通告しないで，可能な限り学校の力で対処しようとする傾向があることが示されており（文部科学省，2006），コンプライアンスを徹底する必要がある。

■ エクササイズ ■■■■■■■■■■■■■■■■■■■■■■■■■■

　次の各項目について，正しいものには○，間違っているものには×，どちらともいえず場合によるものには△をつけましょう。

① 保護者のメールアドレスは，個人情報である。
② 子どもの病死した保護者に関する情報は，個人情報にあたる。
③ 教師の不祥事の予防には，自尊心，規範意識，そして教師としての自覚と，不祥事となる行動についての正確な知識等を得ることが必要である。
④ 夜に飲酒しても，一晩寝れば酔いが醒めるので，翌朝には飲酒運転にはならない。
⑤ 覚せい剤は，爽快な気分になり集中力が増すなどの効果がある。
⑥ 児童虐待とは，保護者が子どもに対して行うもので，身体的虐待，ネグレクト（養育の放棄や保護の怠慢），そして性的虐待の3種類がある。
⑦ 教師が児童虐待を関係機関に通報する場合は，守秘義務との関係を考慮して，伝える内容に留意しなければならない。

⑧　児童の虐待が疑われる段階で教師でない者が児童相談所に通報する場合は，情報の確認のために住所と氏名を告げる必要がある。

⑨　「これは，麻薬や覚せい剤ではなく合法なドラッグ（ハーブ）だ。法律に違反していない。気分がすっきりして仕事がはかどる」と説明されたアロマのような液体の購入を勧められた。手ごろな値段なので，試してみたい。

⑩　中学校で生徒の争いを止めようとしたが，指示に従わないで手を出していた生徒の胸ぐらをつかんで止めさせた。この場合，この行為は体罰に当たる。

⑪　通勤途中の交差点で，横から侵入してきた乗用車と衝突事故を起こしてしまった。まずしなければならないことは，他の車に邪魔にならないように，双方の事故車を交差点から動かすことである。

⑫　学校内で，学年の違う子どもがけんかをして片方が軽傷を負ってしまった。被害者の子どもの保護者が，加害者の子どもの氏名と連絡先を尋ねてきたので，加害者側の同意を得ないまま教えてしまった。これは個人情報の保護の観点から不適切である。

引用・参考文献

神奈川県県民部情報公開課（2009）「過剰反応」にならないための個人情報取扱事例集　学校編.

松村明（2006）大辞林　三省堂.

文部科学省（2006）学校等における児童虐待防止に向けた取組について（報告書）.

文部科学省（2007）問題行動を起こす児童生徒に対する指導について（通知）.

坂田仰（2013）価値観の多様化と学校教育の法化現象──権利調整型学校経営の必要性　スクール・コンプライアンス研究，1，6-13.

杉山洋一（2015）体罰根絶のために──「鬱積型」と「熱血型」それぞれへの対策提言　スクール・コンプライアンス研究，3，18-29.

東京都福祉保健局　危険ドラッグってなに？（http://www.fukushihoken.metro.tokyo.jp/no_drugs/about/）.

全日本交通安全協会（2016）わかる　身につく　交通教本.

コラム⑫

小中学生対象の SEL-8S での"喫煙防止","薬物乱用防止"など

■ ユニットの配置

子どもの問題行動の防止に関しては，表1に示したように多数のテーマが扱われている。これらのテーマは大きく分類すると，身の安全を守るもの（誘拐防止，交通安全，安全教育），問題行動を起こさないようにするもの（万引き防止，喫煙防止，薬物乱用防止，携帯電話），心身の健康に関するもの（健康管理，精神衛生，健康教育），そして性に関するもの（性教育）となる。

■ 問題行動を予防する教育の仕組み

問題防止の学習は，図1に示したように，社会的能力の育成を基盤にして自尊心の向上や規範意識の醸成を行い，それに各問題行動に関する科学的知識を提供することによって成果が上がると考えられる。従来は，後者の問題行動に関する知識を提供するだけの傾向があったが，近年は自己を見つめる力や他者への気づき，そして危

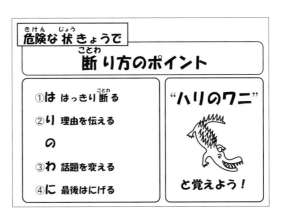

図1 "ハリのワニ"のポスター

険な状況を判断する力などに加えて自尊心と規範意識が育てられていなければ，問題行動の十分な予防効果を得られないことが知られつつある。

SEL-8S プログラムは，この点を強く意識して構成されているので，問題防止の領域のユニットだけを学習するのではなく，他の領域を含めて，バランスよくユニットの学習をすることを推奨している。実際，薬物乱用防止のユニット（小学校（F8），中学校（F4））や喫煙防止のユニット（小学校（F7），中学校（F2））では，誘われたときの断り方についてのユニット（小学校（C6），中学校（C2）：図1）と関連づけて学習すると効果的である。

また，問題防止の学習は，従来から実施されている予防教育（喫煙予防教育，交通安全教室，夏季休暇前の安全教育など）と親和性が高いので，それらと入れ替えたり，意図的に近づけて実施することが多い。生徒指導上の必要性が高い学習内容であるから，学習の機会をしっかりと確保して，効果的な取り組みとなるように，学校全体で取り組むことが望ましい。

表1 "問題防止"のユニット

学　年	ユニット名	重要な気づきとスキル（概要）
小学校 低学年	(F1) 誘拐防止 「ぜったいについていかない！」	・通学時の誘拐事件の被害者になることの危険性を知る。 ・"自分の身を守るポイント"（近寄らない，大きな声で助けを呼ぶ，ついて行かない，逃げる，家に帰って伝える）を身に付ける。
小学校 中学年	(F5) 誘拐防止 「こんなときは注意！」	・通学時以外にも誘拐事件の被害者になることの危険性を知る。 ・"自分の身を守るポイント"（近寄らない，大きな声，「警察！」，逃げる，近くの大人を呼ぶ）を復習する。
小学校 低学年	(F2) 交通安全 「交通ルールを守ろう」	・交通事故の危険性を知る。 ・交通ルール（道の歩き方，道路の横断方法）を守ることの大切さを知る。
小学校 低学年	(F3) 健康管理 「病気にならないために」	・生活のリズムを整える，偏食しない，食事やおやつの前には手を洗う，清潔な衣類を着るといった習慣が大切であることを知る。
小学校 中学年	(F4) 安全教育 「危険な場所」	・交通事故にあいやすい危険な場所を確認する。 ・犯罪に巻き込まれやすい場所がどこなのかを知る。
小学校 中学年	(F6) 万引き防止 「それはしない！」	・万引きに誘われても絶対にしないと断る決意をし，断るスキルを身に付ける。
中学校 1年生	(F1) 万引き防止 「ダメ！万引き！」	・自らゲーム感覚での万引きをしない意志をもつ。 ・友人から万引きに誘われた際に，適切に断ることができる。
小学校 高学年	(F7) 喫煙防止 「わたしはイヤ！」	・他の人などから誘われたとき，"危険な状況での断り方のポイント"を押さえて断ることができる。
中学校 1年生	(F2) 喫煙防止 「タバコってかっこいい？」	・未成年に対するタバコの健康への害や依存性について理解する。 ・タバコに手を出さない意志をもつ。 ・友人から喫煙に誘われたときに，適切に断ることができる。
小学校 高学年	(F8) 薬物乱用防止 「ぜったいダメ！」	・他の人などから誘われたとき，"危険な状況での断り方のポイント"を押さえて断ることができる。
中学校 2年生	(F4) 薬物乱用防止 「他人事じゃない！シンナー＆覚せい剤」	・違法薬物乱用に誘われた際に，適切に断ることができる。 ・友人や知り合いが違法薬物にかかわっていることを知った場合，信頼できる大人に相談することができる。
小学校 高学年	(F9) 携帯電話 「マナーを守ろう」	・マナー（チェーンメール転送，迷惑メール返信，デジタル万引き）を守って使うことへの意欲を高める。
小学校 高学年	(F10) 性教育 「男の子と女の子」	・自分も相手も大切にしようとする態度をもつ。 ・性被害防止のために，気をつけなければならないことを知る。
中学校 3年生	(F5) 性教育 「恋愛と責任」	・恋愛の意味と性行動のあり方について考える。 ・自分がどのような姿勢で恋愛に臨むかを考え，自分の意思をもつ。
中学校 2年生	(F3) 精神衛生 「大丈夫？」	・"うつ"の症状やその原因を知り，"うつ"の特徴を理解する。 ・落ち込んでも，ポジティブな考え方ができるようにする。
中学校 3年生	(F6) 健康教育 「太ってる？やせてる？」	・BMI値，適正体重の計算方法を知り，自分の生活の健康度を理解する。 ・栄養バランスについて知り，健康のための実践に意欲をもつ。

注：「ユニット」とは授業，「F1」はユニットの整理番号（小中で別々）を表す。表序－5，表序－6参照。

G 環境変化への対処

第13章　異動などの環境変化への対処

　人は人生のさまざまな節目で環境変化に遭遇する。公立学校の教師の場合，3〜5年で勤務先を異動することが一般的である。こうした環境変化は，新しい出会いや成長，新たな挑戦，新しいキャリア形成といった期待や希望を抱くタイミングとなる。一方で，新しい環境に対応できるかといった不安やストレスを少なからず感じるものである。こうしたストレスには，上手に対処しながら，新しい環境に順応していくことが大切である。この章では，環境変化によるストレスへの対処の重要性について説明する。そして，新しい仕事や環境に順応するまでのストレスへの対処方法や心構えについて述べる。ストレス対処については，ストレスの原因を取り除く対処方法もあるが，新しい仕事や環境自体を修正したり除去することは難しいため，自分の情動に焦点を当てた対処について考える。また，新しい職場での人間関係を円滑に構築するための対処方法や心構えについても説明する。最後に，生活環境の変化への対処方法について述べる。

1 環境変化への対処の重要性

☐ さまざまな環境変化

　長い人生の中では，さまざまな環境変化が起こる。中でも，大学生から社会人への変化は，人生の中でも大きな環境変化といえる。教師になる場合は，それまで大学生として講義や実習を受講する立場から，授業をする立場に変化する。人間関係も大学での友人関係ではなく，職場の同僚，管理職や上司，部下という関係が中心となる。気の合う人と関係を築くだけではなく，学校での仕事を円滑に遂行できるように，す

べての教職員とよい人間関係を築くことが望まれる。また，プライベートでは，就職を機に新しい環境で生活を始めることも多い。実家暮らしから初めての新しい土地で1人暮らしを始めることもある。このように，大学生から社会人として生活を始める際には，とても大きな環境の変化が起こる。その後も人事異動によって環境変化が起こる。公立学校の教師の場合は，3～5年で勤務先が異動する場合が多い。異動先は，自治体によってさまざまであるが，小学校から中学校というように学校種が変わることもあれば，教育委員会などの行政機関や児童相談所などの児童福祉機関に異動することもある。こうした異動によって，求められる仕事が大きく変化することがある。

その他，昇進などにより役職や立場が変化することがある。学年主任，教務主任，教頭，校長など役職や立場の変化である。こうした異動は，勤務先の変更と同時に起こる場合と，勤務先の変更はなく起こる場合がある。

自分自身が異動をしない場合であっても，環境が変化することがある。それは勤務校の校長や教頭などの管理職が異動や退職し，新しい管理職が赴任する場合や，同僚などの異動と新しい同僚の赴任の場合である。特に，管理職が変わると学校の方針が変化し，求められる仕事が変わることがある。

仕事以外の私生活でも，結婚や出産などにより大きな変化が起こる。結婚をすると，新しい家族としての生活が始まる。家計や将来の設計において，パートナーとの合意が求められる。また，パートナーの親や親戚との付き合いが始まることも大きい。さらに，子どもを授かって親になると，子どもを含めた新たな将来設計を行うと同時に，親としての役割を果たすことが求められる。また，子どもの保護者として保育所・幼稚園，小中学校の保護者会やPTA活動への参加などの役割が期待される。こうした変化により，仕事に従事できる時間が制限されることがある。

☐ 環境変化によるメリット

人生におけるさまざまな環境変化は，自分自身の成長のチャンスと捉えることができる。例えば，自身や周囲の異動による職場での人間関係の変化や結婚によるプライベートでの人間関係の変化は，新しい出会いや刺激を受けるきっかけになる。その中で，これまでに気づかなかった新しい自分に気づくこともあるかもしれない。また，長期間，同じ職場環境や生活環境であると，仕事や生活がマンネリ化して，やる気が少しずつ減少することもある。しかし，転勤して職場が変わったり，1人暮らしを始めるなど生活環境が変化することによって，新たな気持ちで仕事や生活に打ち込むことができることもあるだろう。さらに，昇進などにより役職や立場が変化すると，役

職や立場での新しい知識や技能が求められる。管理職であれば，職場の集団をまとめるリーダーシップやチーム・ビルディングなどの技術や能力などが求められるが，こうした機会を与えられることによって，技能が身に付くこともある。

☐ 環境変化で起こるストレス対処

　人生の節々で起こるさまざまな環境変化が，自分自身にとってよい影響を与えることがある一方で，こうした状況では少なからず精神的，身体的に負担がかかることも事実である。仕事上の環境変化によってかかるストレスは，職場の人間関係，新しい仕事，プライベートの3つに分類できる。

　まず，職場の人間関係であるが，新しい職場では，これまで築いてきた人間関係がリセットされ，新たな人間関係を1から築くことが求められる。深刻な場合は，異動先でのコミュニケーションがうまくとれず，職場での人間関係になじめないこともあるだろう。特に，校長や教頭などの管理職や校内で重要な立場にある教師とよい人間関係を構築できるかどうかは，職場に打ち解けられるかどうかの重要なポイントとなる。

　次に，新しい仕事に対するストレスは，仕事を早く覚えなければならないというプレッシャーや，いかなる失敗も許されないという感覚，あるいは怠慢をしてはいけないという気負いによるものである。こうした気負いにより，常に強い緊張状態で毎日を過ごすことになり，精神的，身体的に疲弊することが考えられる。こうした強い緊張をいかに緩和するかが，環境変化における対処では重要となる。

　最後に，プライベートにおけるストレスでは，環境変化によって休日に過ごす友人がいなくなったり，馴染みの店が近くになくなったりといったストレスがあげられる。休日に付き合う友人がいなくなることは，心身をリフレッシュするうえでは危機的であるかもしれない。また，生活環境の変化は慣れるまでに時間がかかり，ストレスの原因となる。こうしたプライベートのストレスとも上手に対応する必要がある。

2 新しい仕事や環境に対するストレスへの対処

☐ 情動に焦点を当てた対処

　こうした精神的，身体的なストレスに対する対処として，ストレスの原因そのもの

を除去・軽減することを目的とした"問題焦点型対処"と，ストレスによる身体的な反応を，気晴らしなどの方法を用いて軽減する"情動焦点型対処"の2種類がある。プライベートにおけるストレスの原因を除去したり軽減させることはある程度できても，仕事に関するストレスの原因をコントロールすることは難しい。そのため，環境変化への対処は，ストレスに対する身体的反応をコントロールする"情動焦点型対処"が中心となる。詳細は，第11章を参照してほしいが，自分のストレス反応に気づき，対処法を考えることが求められる。

焦らず，前向きに

　同じ職場で数年間働くと，人間関係や仕事のやり方などの職場環境に慣れ，居心地がよくなってくる。そうした折に異動になると，これまでの人間関係や立場がリセットされることになる。また，住環境を変えることになれば，住所変更等の手続きも煩わしい。このような否定的な部分ばかり目を向けると，精神的に疲弊してしまう。

　環境が変化することについては，新たな出会いや挑戦のチャンスというように前向きに捉えることができれば，精神的な負担は軽減される。同じ状況であっても，強いストレスを感じて疲弊する人がいる一方で，ストレスをほとんど感じない人もいる。その違いは，"認知的評価"と呼ばれるストレス状況の受け止め方の違いである。肯定的な認知的評価や合理的な考え方については，第5章および第11章を参照してもらいたい。

　職場が変わると心機一転，仕事に対する意欲が湧いてくる。しかし，そうした意欲が過度に強くなると，「早く仕事を覚えなければいけない」「ミスをしたら信頼を得られない」という過度のプレッシャーを自分で背負ってしまうことがある。真面目で几帳面，完璧主義，責任感が強いなどの性格的な特徴がある人は，自分で過度のプレッシャーを与えやすい。こうした過度のプレッシャーを自覚し，焦らず余裕をもって取り組むことも大切である。

サポート源の確保

　環境変化にともなうストレスへの対処法については，自分で対処することも重要であるが，悩みを相談できる"サポート源"を確保することも重要である。職場では，管理職や先輩，同僚がサポート源となりうる。また，職場以外では，友人や家族などがあげられる。管理職とは，仕事内容や保護者対応など仕事上の悩みを相談できるよ

うな関係を早めに築いておくとよい。また，職場の同僚には，仕事に対する率直な気持ちをぶつけることもできるだろう。職場の同僚とは，仕事のちょっとした息抜きの時間に雑談ができるようになると，精神的には落ち着くであろう。

職場以外の相談相手には，友人や家族，大学時代の恩師，前任校の先生などがあげられる。職場の中での関係では，どうしても仕事のことを考えてしまい，リラックスできないことがある。職場以外の友人や家族と時間を過ごすと，自然と職場のことから解放されやすく，気軽な話や休日を一緒に過ごすことで，気持ちを落ち着かせることができる。また，大学時代の恩師や前任校の先生は，教師という仕事をある程度理解しているので，仕事に関する悩みを理解し，ときには具体的なアドバイスをしてくれることもあるだろう。

3 環境変化にともなう人間関係の構築

◻ 名前から始まる人間関係

異動などで職場が変わると，その場での人間関係を新しく築くことになる。初めてあるいは新しい職場で人間関係を築くためには，自分の名前を覚えてもらうことと同僚や子どもの名前を覚えることが，大事な第一歩となる。

赴任初日の職員会議や全校集会では，新任教師としてあいさつをする機会がある。このあいさつをとおしての第一印象は，自分の名前や性格を同僚や子どもたちに知ってもらう大切な機会となる。相手に応じて，自分の性格を印象づけるあいさつをあらかじめ考えておくことも重要である。自分の性格や趣味，経歴などを自己開示すれば，同僚や子どもとの会話を始めるきっかけになり，円滑な関係開始が可能となる。第一印象については，話す内容だけでなく非言語的な側面も影響するため，最低限の身だしなみにも気を配りたい。人間関係を開始するポイントについての詳細は，第8章を参照してもらいたい。

同時に，自分から名前を覚える努力も惜しんではいけない。職場の同僚の場合，職員室の座席と名前，担任学級，役職などを覚えることである。学校には，教師の他に，事務職員や図書館司書，校務員などが勤務しているので，なるべく早いうちに教職員全員の名前を覚えられるように努めたい。さらに，PTA，保護者，地域の学校関係者の名前も覚えていくことになる。

☐ 積極的にかかわる

　異動当初は，慣れない環境であるため，自分から働きかけたり話しかけることに抵抗があるかもしれない。しかし，こういうときこそ，勇気を出して，自分から積極的に教職員とかかわることが重要である。あいさつ，職員室のゴミ収集や整理整頓，学校内の掃除，花壇の水やり，お茶汲みなどを積極的に手伝うことをとおして，学校の雰囲気や習慣，教職員間の人間関係を知ることができ，早く職場に慣れることができる。「おはようございます」「お手伝いさせてください」「何かお仕事ありますか」「私がやっておきますよ」など，周りの同僚に積極的に声をかけることをお勧めしたい。

　また，仕事以外のことで周りの教職員とかかわる機会を増やすことも大切である。プライベートの話や他愛のない会話を繰り返すうちに，次第に人間関係が構築される。異動後には，歓迎会などの懇親会やPTA関連の行事が開催されることがあるが，そういった会には積極的に参加し，多くの教職員や保護者，地域住民とかかわるとよい。こうしたかかわりの中で，親身になってくれる教職員や保護者などが見つかることもある。

☐ 校内の重要な立場にいる教師を知る

　校長や教頭などの管理職は仕事をするうえで重要な教師である。こうした職務上の重要人物以外に校内で重要な立場にある教師がいる。それは校内の教職員に信頼されている教師である。教務主任や研究主任などの立場で，学校全体の研究や事業に取り組む場面で，こうした重要な立場にある教師の理解や協力が得られると，取り組みは円滑に進行する。そのため，こうした重要な教師を早めに理解し，事前によい関係を築いておくことが望まれる。

4 環境変化にともなう仕事上の対処

☐ わからないことは積極的に相談する

　異動当初は，事務用品や教材等の所在に始まり，校務分掌の具体的な仕事内容，事務文書の書き方や提出方法，職員会議や学年会議の日程や進め方，学校行事の進め方などわからないことが多い。特に，初任の教師はわからないことだらけである。わか

らないことがあれば，先輩の教師に積極的に相談するとよい。相談することが恥ずかしいと思ったり，忙しく働く先輩教師に迷惑だと思い，わからないことをわからないままに独断で進めてしまうと，かえって大きな迷惑をかけてしまう。若い教師の中には，わからないことをインターネット検索で済ませようとする者がいる。学校特有の実情があるため，インターネット検索で得られた情報が適合しないことが多い。また，管理職や先輩教師に相談することで，人間関係が築けるというメリットもある。そのため，異動当初は確実なことであっても，先輩の教師に一度確認を取るなど慎重かつ積極的に仕事を進めるほうが賢明である。

"郷に入っては郷に従え"

異動先では，同じ学校種であっても職員会議の日程や報告書の提出方法などの仕事のやり方が変わることがある。ときには，以前の勤務校での経験から有効な方法を思いつくことがあるかもしれない。しかし，"郷に入っては郷に従え"という言葉があるように，まずは異動先でのやり方を謙虚に聞いて従うことがよい。よかれと思ってこれまでの経験から新しい提案をしたとしても，十分な人間関係が構築できていない段階では，「自分たちのやり方を否定された」と思われる可能性もある。もちろん，伝え方も大切ではあるが，新しい提案は，何度か異動先のやり方に従いながら，徐々に提案していくとよいであろう。

"立つ鳥跡を濁さず"

異動の際には，離れる学校への配慮を忘れてはいけない。まずは，十分な引き継ぎを怠らないことである。自分が担当していた校務については，後任の教師が困惑しないように，引き継ぎのための報告書を作成したり，異動前に十分な打ち合わせをしておく。自分が中心になって使っていた教材や機器については，マニュアルを作成するなども考えられる。

次に，身の回りの整理整頓である。使用した机やロッカーは，雑巾がけなどを行い，赴任時と同じ状態にし，後任の教師に引き継ぐ仕事道具や書類などがあればわかりやすく整理する。また，パソコンや書籍など学校からの貸借物品についても，決して返却忘れがないように確認し，所定の場所に返却する。

最後に，お世話になった教職員へのあいさつである。勤務校の全教職員には直接これまでの感謝を伝えなければならない。その際，お礼の品を教職員に送ることもある。

あまり高価なものであると，相手に気を遣わせてしまう。そのため，個別包装されたお菓子に感謝の言葉を添えて渡すくらいがよいかもしれない。お礼の品を渡すことや金額については，勤務校での基準や方針がある場合もあるので，先輩教師に基準や前例を聞いておくと確実である。

　この他，仕事で特にお世話になった教職員に対しては，これまでの感謝に加えて，異動先と連絡先などを電話やメールなどで伝えておくとよい。電話での連絡については，第7章を参考にしてほしい。

5 プライベート環境の整備

☐ 各種手続きをする

　異動にともなう引っ越しなどで生活環境が変化することによって，必ず行わなければならない手続きがいくつかある。行政上の手続きの他，生活環境を整えるために必要なものである。中には，手続きの期限が短いものもあるため注意が必要となる。表13-1に代表的な手続きを示す。

☐ 規則正しい生活リズムのルール決め

　精神的，身体的な疲労を解消するためには，やはり"栄養バランスのとれた食事"と"十分な睡眠時間"を確保することが重要である。精神的，身体的な疲労によって体調を崩すと，食欲がなくなったり寝つけなくなったりすることがある。先述したように，過度なプレッシャーから早く仕事に慣れようとするあまり，食事や睡眠の時間を削って仕事をしてしまい，体調を崩すという悪循環に陥ることもある。教師は体が資本であり，体調を崩してしまっては元も子もない。無理な仕事によって体調を崩すことがないよう，環境変化の直後は，起床・就寝時間，退勤時間，食事時間などの生活リズムを整えることが望ましい。休日についても，あまり仕事をしすぎないように心がけたい。そのためには，「12時までには寝る」「午後7時までには退勤する」「日曜日は仕事をしない」といった自分のルールを決めることも考えられる。生活リズムを整えるうえでは，上手な時間の使い方が求められる。時間の管理については，第2章を参照してもらいたい。

第13章 異動などの環境変化への対処

表13-1 引っ越し前後の手続き

手続き	説 明
転出届・転居届	転出届を提出し，転出証明書を発行する（引っ越しの2週間前から手続き可能）。その後，転入届を転入後14日以内に提出する。
国民年金・国民健康保険の手続き	手続きが遅れて未納期間が発生すると，年金受給額に影響を与えることもあるので，早めに手続きを済ませる。
福祉・医療・手当関係の手続き	乳児医療費助成，児童手当，介護保険などの福祉医療や手当に関する手続きがある。
電気・ガス・水道，インターネットなどの変更手続き	ガスの開栓には立ち合いが必要である。いずれも生活に必要であるため，早めの手続きをするとよい。
郵便局の転送届	旧住所に届いた郵便物を1年間新住所に転送してくれる。
運転免許証，車庫証明，クレジットカードなどの住所変更	免許更新を知らせる郵便物が届かないなどの問題が生じることがあるため，確実に手続きをする必要がある。
転校手続き	引っ越しが決定したら，転居の1か月前を目安に早めに学校に伝える。

■ エクササイズ ■■■■■■■■■■■■■■■■■■■■■■■■■■■■■■

【教師用】

① 赴任先でのあいさつを考えましょう。

　a．赴任先の同僚へのあいさつ

　b．赴任先の子どもへのあいさつ

② 現時点で異動があったときに，学校や同僚に返却する必要のあるものを考えましょう。

　c．学校への返却物

　d．同僚への返却物

③ 最近1週間の起床・就寝時間，出勤・退勤時間，食事の状況を振り返り，体調管理をするうえでのルールを1～3つ程度決定しましょう。

　①_____

　②_____

　③_____

【教職志望学生用】

① 赴任先でのあいさつを考えましょう。

　e．赴任先の同僚へのあいさつ

　f．赴任先の子どもへのあいさつ

② 現時点で引っ越す必要があるときに，学校や友人に返却する必要のあるものを考

えましょう。
　　g．学校への返却物
　　h．友人への返却物
③　最近１週間の起床・就寝時間，食事の状況を振り返り，体調管理をするうえでのルールを１〜３つ程度決定しましょう。

　①_____
　②_____
　③_____

引用・参考文献

文部科学省（2011）小学校キャリア教育の手引き（改訂版）　教育出版.

文部科学省（2015）平成26年度「児童生徒の問題行動等生徒指導上の諸問題に関する調査」について（http://www.mext.go.jp/b_menu/houdou/27/09/__icsFiles/afieldfile/2015/10/07/1362012_1_1.pdf）.

第13章　異動などの環境変化への対処

■ ■ ■ ■ コラム⑬ ■ ■ ■ ■

小中学生対象の SEL-8S での"環境変化への対処"

■ 環境変化に対処できる力をつける

　文部科学省（2015）の学年別不登校児童生徒数の推移を概観すると，大きな環境移行が起こる小学校6年生から中学1年生の間で，不登校児童生徒数が約2.8倍に増加している（図1）。いわゆる"中1ギャップ"の問題について，環境の変化をなるべく小さくしようとする取り組みが行われている。しかし，長い人生の中では，突然，予想できない大きな環境変化に遭遇することが考えられる。そうした場面では，やはり環境変化によって生じる問題に対処できる力が必要であり，ある程度の力を身に付けておくことが求められる。

　そこで，SEL-8Sプログラムでは，小学校で進級時の環境変化について考える。「もうすぐ2（3）年生」（G2），「もうすぐ4（5）年生」（G4），「最高学年になって」（G5），「いよいよ中学生」（G6）では，これまでの成長を振り返り，進級に対する自信と希望をもてるようにすることをねらいとしている（表1）。1年間の成長を実感するためには，学期末や学年末での評価が重要となる。また，学習ユニットの中では，進級後に対するやる気を高めるために，次年度の目標を設定している。新しい学年になると，クラス替えにともなって学級担任も変わることが多い。そのような状況では，前年度までの評価や成果が継承されないことがあるため，前年度に立てた目標設定を次年度に活かせるような体制を確保することが大

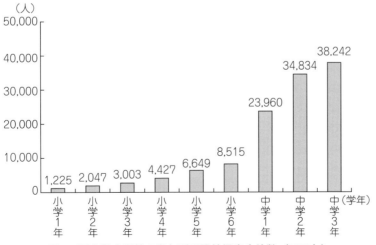

図1　国公私立学校の学年別不登校児童生徒数（2015年）
注：文部科学省（2015）より。

表1 "環境変化への対処"のユニット

学年	ユニット名	重要な気づきやスキル
小学校低学年	（G2）進級「もうすぐ2（3）年生」	・この1年間の学校生活を振り返り，心身の成長（身体，基本的生活習慣，友人関係，学習内容）を実感する。 ・新しい学年での生活のようすを想像し期待する。 ・新学年での自分の目標を立て，できるだけ具体的な方法を自己決定する。
小学校中学年	（G3）転校「ようこそ転校生！」	・転校生の立場に立って，新しい学校で感じる不安や問題点，また助けとなる点を知る。 ・対人関係を開始するスキルを使って，転校生を具体的に援助する方法を考える。 ・転校生が来たら，援助しようとする意欲を高める。
小学校中学年	（G4）進級「もうすぐ4（5）年生」	・この1年間の学校・家庭・地域社会での生活を振り返り，心身の成長（身体，基本的生活習慣，友人関係，学習内容）を実感する。 ・新しい学年での生活のようすを想像し期待する。 ・新学年での自分の目標を立て，具体的な方法を自己決定する。
小学校高学年	（G5）進級「最高学年になって」	・（最）上級生としての学校内での役割を確認する。 ・役割を果たすために必要なスキルや能力を説明できる。 ・自分の目標を定めたうえで，自分の役割を果たそうとする意欲を高める。
小学校高学年	（G6）卒業・進学「いよいよ中学生」	・自分の目標の達成状況を確認し，その原因を説明する。 ・中学校生活と小学校生活の違いを知る。 ・中学校生活での自分の目標を立てる。

注：「ユニット」とは授業，「G2」はユニットの整理番号（小中で別々）を表す。表序-5，表序-6参照。

切である。

「ようこそ転校生！」（G3）では，自分の学級に転校してきた転校生の受け入れについて学習する。転校生を受け入れる立場から，転校生の心情を考え，具体的な支援方法を学ぶことを通して，今後の自分に起こる環境変化を考える機会にもなると考える。

■ 積極的な環境変化対処

環境変化への対処は，自分自身の進級，進学，就職に限ったことではなく，時代や社会そのものの変化に対処することも考えられる。常に変化する時代や社会の中では，こうした環境変化を受動的ではなく，積極的に行うことが望まれる。こうした力や態度の育成は，小学校，中学校，高等学校でのキャリア教育においても重要視されており，例えば，『小学校キャリア教育の手引き（改訂版）』（文部科学省，2011）では，キャリア教育の必要性と意義の中で，「とどまることなく変化する社会の中で，子どもたちが希望をもって，自立的に自分の未来を切り拓いて生きていくためには，変化を恐れず，変化に対応していく力と態度を育てることが不可欠である」と述べている。

つまり，環境は変化しないことをよしとするのではなく，必要があれば自ら環境を変えて，新しい環境に対して柔軟に対応できる力や態度を育てることが重要なのである。

H ボランティア
第14章 日常のボランティア

通常，ボランティアとは，いずれかの団体に属していたり，何らかの手続きを得て参加したり，あるいは日常生活とは異なる特別な場で実施されるといったイメージがあり，フォーマルな活動という印象が強い。しかし，この章では日常生活の中での①ちょっとした人助けや，②自発的な関与という意味で使用する。このどちらにも，①ニーズに気づく，②声をかける，③実際の援助行動を行うという3つのステップがある。ボランティア行動には，職場である学校や日常生活で潤滑剤の役割があり，"情けは人の為ならず"，すなわち他の人への援助は最終的に自分を含めたグループや集団によい結果をもたらすことにつながる。まずは，職場である学校や身近な場面でモデルとなる人を探すとよい。地域社会のさまざまな団体（例：自治会，町内会，趣味のサークルなど）や街中での生活場面（例：電車で手荷物を席に置かない，障害者の手助けなど），そして家庭生活（家族への思いやりの行動）でも実行してみよう。

1 日常のボランティアとは

☐ 多様な意味をもつ"ボランティア"

ボランティア活動には，一般に公共性（公益性），自発性（自由意志性），無償性（無給性）の原則があるといわれている（日本ボランティア社会研究所ボランティア学習事典編集委員会，2003）。つまり，何か社会のためになることを，自分から進んで，さらに見返りを求めないで行うことを意味する。

しかし，この言葉は厳密に使用されているわけではなく，例えばボランティア活動に対して交通費やその他の必要経費が支払われることがある。また，ボランティア活

動に要した経費以外に謝礼などが支払われる場合は，有償ボランティアと称され，また学校等で何らかのグループ（学級の活動，部活動，生徒会活動など）にボランティア活動の経験の機会を与えるための学習の場は，ボランティア体験活動と呼ばれている。これらのことから想定される"ボランティア"のイメージは，実際にはかなり多様なものとなっている。さらには，英語のボランティア（volunteer）には，自分の意志で戦いに参加する志願兵や義勇兵の意味もある。

☐ ちょっとした人助けと自発的な関与

　このように"ボランティア"という言葉は多様な意味をもつが，共通しているのはどこかの団体に属していたり，何かの手続きを得て実施したり，あるいは日常生活とは異なる何か特別な場で実施されるといったイメージである。"ボランティア登録"という言葉もよく使われていて，とにかく何かフォーマルな活動という印象が強い。

　しかし，ここではもっと身近な日常生活の中での，ちょっとした人助け，あるいは自発的な関与という意味で使用している。まず，ちょっとした人助けというのは，日々の生活でいえば，例えば身近な人が何か困ったことがあったり，あるいは助けが欲しそうだったりする状況で，ちょっと声をかけて手伝うことを意味する。会議の会場に早めに着いたら，係の人が机や椅子を並び替えて会場づくりをしていたので，「手伝いましょうか」と声をかけて一緒に手伝う。あるいは，手分けをして作業をしている場面で，同僚の担当分が多くて終わりそうにないので，早めに終わった人が手伝う。こうした場面は学校，家庭，地域社会などに日常的に存在する。つまり，団体に属したり手続きをしたりして行うフォーマルな"ボランティア活動"ではなく，他の人のためにできるちょっとした手助けという行動を意味している。

　また，自発的な関与というのは，役割分担や担当者決めなどをする場面で，自分から手をあげて担当を申し出ることを意味する。アメリカの学校などでは，"ボランティア"という言葉は，例えば何かの世話役を決めたりするときに「ボランティアを募りたい。だれか希望者はいないか？」と言って，自由に手をあげさせて希望する子どもを募る場面で使われている。ここでの"ボランティア"は志願者という意味であり，これが自発的な関与に該当する。"私がやりたい"という自由意志のもとに，自ら役割や仕事を買って出る状況ということができる。

☐ 人助けを支える能力

　ちょっとした人助けを支える能力は何なのか。少なくとも①ニーズに気づく，②声をかける，③実際の援助行動を行うという3つのステップで考えるとわかりやすい。

　まず，①ニーズに気づくというのは，周囲の人の困っているという思いや，手伝いがあると助かるだろう，あるいは必要だろうという状況への気づきである。これには，相手の立場に立ってその見方ができるという視点取得と，さらにその人の気持ちを共有できるという共感が関係している。8つの社会的能力の中の"他者への気づき"がこれらに該当する（序章参照）。

　次に②声をかけるという行動は，具体的な援助行動の第一歩である。状況や内容によってはこの段階が省かれることもあるが，一般には相手のニーズを確認するために実施するとよい。相手が援助を必要としていないことがあるし，またかえって迷惑という事態にもなりかねない。電車やバスの中で，高齢者や身体の不自由な人などに席を譲るつもりで無言で立ち上がっても，相手は立っている方が楽だったり，あるいはすぐに降りるところだったりすると，その席は空いたままになってしまう。こうなると，譲った方も譲られた方も気まずい思いになるだろう。一声かけて相手のニーズを確認すれば，独りよがりにならずにあくまでも相手のニーズに応じて援助の手を差し伸べるという姿勢を維持することができる。

　この後，③実際の援助行動が開始される。その行動が効果的でものごとがうまくいき，さらに助けられた人が喜んでいれば援助者としては満足できるだろう。もちろん，このときの手間暇つまり労力や時間が大き過ぎると，後で後悔したり，あるいは次の行動への動機づけが弱まったりすることもある。これについては経験をとおして，自分にできる範囲についての理解が深まっていく。

　以上の3つのステップを実行できる力が，序章で説明した応用的な社会的能力の中の"積極的・貢献的な奉仕活動"の能力に該当する。一連のかなり複雑な行動へとつながる能力であることがわかる。なお，ボランティアという言葉は，行動そのものとそれを行う人のどちらにも使われているので，実際の行動についてはボランティア行動と示すことにする。

☐ 自発的な関与を支える能力

　役割分担や担当者決めで，自発的に手を挙げて担当を申し出る際にも，①ニーズに気づく，②声をかける，③実際の援助行動を行う，という3つのステップが該当する。

まず①ニーズに気づくとは，そのグループやチームあるいは集団が何をめざし，そこで何を求めているのかを認識することを意味する。そこでの役割や担当する仕事について，その内容や意義を理解しない状態では手を挙げることはできない。あるいは，その重要性を理解しないままでは，役を買って出る必要性を感じないかもしれない。

次に②声をかけるステップでは，自分がやろうと申し出るわけであるから，自分の実施能力についての正しい認識も必要になる。何かの役の担当を申し出ても，十分にその役割を果たせないのであればかえって迷惑になる。求められている役割と自分の実施能力，そしてそれに要する時間と労力を勘案して決定するステップである。

そして③実際の援助行動という段階では，しっかりとやりとおすことが求められる。先のちょっとした人助けに比べると，"遂行"という言葉がより適切かもしれない。引き受けた役割や仕事を最後まで達成するというステップである。

2 学校や日常生活でのボランティア

☐ 潤滑剤としてのボランティア行動

ちょっとした困った事態で援助の手を差し伸べたり，あるいは自ら手を挙げて何かの役割や仕事を買って出たりするのは，場合によっては勇気のいる行動である。しかし，職場においてはこれが一種の潤滑剤のような役割を果たすことが多い。

中学校では学年ごとに教育活動計画の検討や調整をしたり，学習活動や行事の準備を進めたりすることが多く，学年団と呼ばれることがある。例えば，学年団の中で何かの役割分担をする際に，「それは私がやろう」とか「今度は自分が担当しよう」といったように自発的に手を挙げる者が多ければ，短時間にしかも明るい雰囲気の中で話し合いが進んでいく。また，何か準備活動などに入ったときでも，早く終わった者が「手伝おうか」と言って援助を申し出るなら，これも手際良く作業が進む。

逆に，役割分担をするたびに皆が担当を嫌がっていわゆる押し付け合いになると，打ち合わせの時間が伸び，全体の動機づけや一体感が低下するだろう。実際の活動の場面でも，早く終わった者が仕事が残っている者を尻目にさっさと帰宅するような雰囲気が定着してしまい，そうなると何かしら士気（モラール）の低い学年になってしまう。

このように考えると，1人ひとりの教師がボランティア行動を取るようになれば，それがその集団の潤滑剤のような役目を果たすものになることがわかる。非常に身近

なところにしかも日常的に，自発的な行動や援助が期待される場面は多いのである。

☐ "情けは人の為ならず"

　この諺（ことわざ）は，"情けをかけると，かえってその人のためにならない"という意味だと誤解している人が多いようだが，本来は"情けをかけると，それはめぐりめぐって最終的に自分のためになる"ということを意味している。このように書くと，何やら損得勘定で行動しているように思われるかもしれないが，"最終的に，自分を含めたグループや集団によい結果をもたらす"という解釈をすればよい。

　ボランティア行動はまさに"情けは人の為ならず"に該当する。特に日常的に接する職場の人間関係の中では，ボランティア行動すなわちちょっとした人助けや自発的な関与は，上で述べたように潤滑剤の役割を果たし，それが最終的にその構成員間の関係や雰囲気を良好なものにして，働きやすい職場を形成することにつながるのである。さらにこれは，最終的に子どもの教育についての良好な環境づくりとなり，好ましい教育効果を生む土壌となるのである。

☐ モデルを見つける

　学校という職場の中には，必ずといっていいほどここで説明したボランティア行動，すなわちちょっとした人助けや自発的な関与をする教職員がいる。「よく気が利く」「ここぞというときに助けてくれる」「積極的に取り組んでくれる」といった評価がつく人である。そうした人の動きをよく見て，どのタイミングや状況でボランティア行動を取っているのか，また具体的にどのような人助けやかかわり方をしているのかを観察するとよい。

　また，学校の教職員だけでなく，保護者の集まりや地域社会の活動の中でも，モデルとなる人を見つけることができるかもしれない。役を押し付け合う人が多いか，逆に自発的に引き受けて積極的に関与してくれる人がいるかによって，そのグループや集団の業務遂行率は大きく違ってくる。また，互いのニーズをよく理解して，ちょっとした人助けができる人がいるかいないかで，集団の雰囲気が相互援助的で柔らかいものになるかどうかが決まってくる。そうした場で，好ましい行動を取っている人をモデルとすることができるだろう。

　こうした行動は，場合によっては人とかかわる場面だけでなく，例えば学校の印刷室や教職員用の更衣室の整理整頓をしたり，あるいはちょっとした汚れに気づいたと

きにさっと掃除をしたりするようなことも含まれる。不思議なことに，誰も見ていないはずだが，しかし次第に誰がやってくれているのかがわかってくる。そうした人をモデルとして，その行動を見習うとよい。

☐ 地域社会でのボランティア

　地域社会には，自治会や町内会のようにそこに住んでいる人によってつくられている団体や，趣味のサークル活動のように地域にはあまり関係なく何かの目的のために構成されているグループなどさまざまな集まり（コミュニティ）がある。さらに，組織化されたり団体にはなってはいないが，隣近所というカテゴリーもある。こうした関係の中でのボランティア行動を考えてみよう。

　例えば，町内会の役員や担当者の仕事には面倒なものがあるが，当番として順に回ってくるもの以外に，臨時でそうした担当者を補助したりあるいはイベントでの臨時の奉仕者を募ることがある。趣味のサークルなどでも何かの担当者がいると都合がよいという場面がある。また，部屋や住宅の隣近所でも，例えば防犯灯や交通標識が壊れていて，誰かが連絡しない限りそのままになった状態が続くことがある。これらの場面で，余力や都合がつく範囲で自ら手を挙げて担当者になったり，あるいは具体的に連絡や問い合わせをするといった行動に移すことができたりするのであれば，関係者や周囲の人は助かるであろう。

　こうした地域社会でのかかわり方は，とかく希薄になっているといわれる地域のつながりを少しでも回復させるとともに，特に地震・津波や台風などの大規模災害での地域コミュニティの対応力を高めることにもつながる。被災の影響をできるだけ小さくしようとする減災や，また被災後の復興を早めるために地域コミュニティのつながりを強くすることの下地になる。

☐ 街中でのボランティア

　職場や地域社会以外の日常生活の場でも，ここでいうボランティアの中の"ちょっとした人助け"の場面は多数存在する。例えば，電車の席に座っていて，自分の手荷物を隣の席に置いている場面である。電車が混み合って立っている人が出て来たら，席に座りたい人がいるかもしれないという，他の乗客のニーズへの気づきや配慮があってしかるべきである。しかし，混み合っていても平然と荷物を置いたままでいる人がいる。時折，「ここ空いていますか？」と他の乗客に言われて，特に悪びれた様子

もなく「はい，どうぞ」と荷物をどかす人がいる。そのやりとりからは，他の乗客のニーズや思いへの気づきはないように感じられる。荷物をどかして席を開けた状態であれば，そこに座るかどうかは立っている人の選択の問題であり，座っている人には特に何も要求されないのに，荷物をどかして席を空けるというボランティア行動を取れない人がいるのである。

　また，目の不自由な人に声をかけて手助けをするといった場面もある。道に迷っていそうだったり，あるいは交差点などで困っていたりする状況である。ここでは，本章の冒頭で述べたように，まず①ニーズに気づく，次に②声をかける，そして③実際の援助行動を行うという手順が適当である。②の声のかけ方としては，「どちらへ行かれるのですか？」「お手伝いできることはありますか？」といった言い方でよい。そして，相手が同意したのであれば，③の援助行動としては，例えば誘導であれば自分の肘の上のあたりを握ってもらい，車が通らない安全な側を歩いてもらうようにする。階段での昇り降りにも注意が必要である。

　また，電車のプラットホームやバスの停留所で，赤ちゃんや幼児を連れた母親のベビーカーや荷物の上げ下ろしを手伝うといった場面もある。ここでは母親のニーズに気づく（①）と同時に，普通はあまり声はかけずに（②はなし）すぐにボランティア行動に入ることもある（③）。このように周囲の人のニーズに応えて，"ちょっとした人助け"をできる機会はかなりあるので，この機会に一度考えてみて，次にそのような場面に出くわしたときにはボランティア行動ができるようにしておくとよい（コラム⑭参照）。

☐ 家庭でのボランティア行動

　ここで注目しているのは「身近な他者への援助」行動であるから，家族もその対象になる。主に同居している人が中心であるが，時折会う人も対象と考えてよい。一般に各家庭では，家事や家の中の仕事の役割が暗黙のうちに決まっていることが多いので，ゆっくりとリラックスできる家の中でまでボランティア行動を考える必要はないという意見もあるだろう。しかし，口に出してはいなくても，"ちょっとは手伝ってくれたら"とか，"少しは気を利かせてほしい"という思いが出ることもある。そうした場合のボランティア行動は，まさに家族成員間の"潤滑剤"になるのであり，家族への思いやりを行動で表しているといえる。

　では，家庭ではどのような場面を考えればよいのだろうか。家族を援助する場面と，家族が対象でない場面がある。まず家族に対するボランティア行動としては，買い物

から帰ってきたときに買った物を運ぶのを手伝う，掃除をしてくれている場面で目の前の家具などをどかして掃除がはかどるようにする，食事の準備や配膳そして調理用具や食器の後かたづけを手伝うといった場面である。いずれにしても，①ニーズに気づく，②声をかける，③実際の援助行動という3ステップの中の①が必要である。②は場合によっては省略されて，直接③になることもある。

　家族が対象でない場面でのボランティア行動としては，ちょっとした汚れをきれいにしたり，散らかった物を整頓したりするといったことが該当する。家族の間では，誰かがやってくれるとか，これは誰それの務めといったように，いわば甘えのような考えで日々の生活が成り立っている部分がある。しかし，「なぜ私だけがやらねばならないのか」「どうして，ちょっと気をつけてくれないのか」「少しは何々をしてくれたら」という思いを家族に生じさせているのであれば，それはできるだけ軽くするのが好ましい。まずは，①ニーズに気づく，すなわち家族メンバーの思いや願い（あるいはそれが高じた不満）に意識を向ける必要がある。そして，家族が対象でない場面では，②声をかけるステップはなく，すぐに③実際の援助行動になることが多い。ただし，自分がやってよいのか，あるいはもっと適切な行動があるのかもしれないと考えられる場合は，②声をかけるというステップを入れた方がよい。"親しき中にも礼儀あり"ならぬ，"親しき中にもボランティア行動あり"は大きな意味をもつので，まずは小さなことから実行してみるとよい。

■ エクササイズ ■■■■■■■■■■■■■■■■■■■■■■■■■■

　日々の生活の中で，次のような場所でのボランティア行動（ちょっとした人助け，自発的な関与）として，(a)自分はどのようなことをしているか，また(b)だれかモデルになるような人がいるか，さらに(c)今後自分が実施できそうなことや心がけたいことを書き出してみましょう。あるいはグループで話し合ってみましょう。

① 職場（学校）で
　(a)_____
　(b)_____
　(c)_____

② 地域社会で
　(a)_____
　(b)_____

　　　　　(c)　_____

③　家庭で

　　　　　(a)　_____

　　　　　(b)　_____

　　　　　(c)　_____

④　その他の日常生活で

　　　　　(a)　_____

　　　　　(b)　_____

　　　　　(c)　_____

引用・参考文献

日本ボランティア社会研究所ボランティア学習事典編集委員会（編）（2003）まあるい地球のボランティア・キーワード145　ボランティア学習事典　春風社.

コラム⑭
小中学生対象のSEL-8Sでの"ボランティア"

■ 自発的な手伝いと配慮

　小中学生を対象としたSEL-8Sプログラムでのボランティアとは，組織に属したり，計画を立てて実施する行事的なものではなく，周囲の身近な人のための自発的なちょっとした手伝いや配慮を意味している。この類の学びはともすると軽視されがちであるが，このようなボランティア行動が日常生活で豊かになると，人間的な成長が促進され，学級や学校全体が温かな雰囲気に満ちた相互援助的な集団に育っていく。

　さらにこの学習は，いじめにおいて被害者に寄り添う行動や，あるいは被害者のために，教師を含めた関係者に援助を求めるような行動にもつながるものである。いじめ問題の発生を防いだり，重大化を抑止する意味でも大切な学習といえる。

■ ユニットの構成

　表1に示したように，ユニット構成では，ボランティア行動の場所の区分として，大きく学校，家庭，そして（身の回りや）地域の3つを設定し，それぞれの設定場所について発達段階に合わせた学習が設けられている。特に学校でのボランティアについては，自分のやるべきこと（小学校低学年：H1），同級生（小学校中学年：H3，中学校1年生：H1），下級生（小学校高学年：H5，中学校3年生：H3）といった対象者の違いもあるので，広い視野で実践力が身に付くように設定されている。

■ ボランティア行動を支えるスキル

　身近な人のためのちょっとした手伝いには，①ニーズに気づく，②声をかける，③実際の援助行動を行うという3つのステップがあると考えられるが，例えば②声をかけるにも，スキルが必要である。そこで，小学校中学年「持ってあげようか」（H3）では，仲間に声をかけるときのポイントとして「"ハチ"の"あき"」を学習する（コラム⑧の図1参照）。実はこのポイントは，小学校低学年「手伝ってあげよう」（D2）の学習内容にもなっていて，対人関係を開始するときのスキルとして紹介されている（コラム⑧参照）。どちらも，相手のために自分から働きかける行動を重視していて，子どもの人間関係を豊かにする一助となる学びである。

　中学校1年生の「学校でのミニボラ」（H1）では，学校行事で自分の役割を積極的に果たすこともボランティアとして位置づけ，具体的な活動内容を自己決定することが目的として

表1 "ボランティア"のユニット

学年	ユニット名	重要な気づきやスキル（概要）
小学校低学年	(H1) 学校でのボランティア「かかりのしごと」	・学級のさまざまな当番や係の仕事の意味を確認する。 ・当番や係の仕事の責任を果たすことの大切さを知る。 ・当番や係の仕事の責任を果たそうとする意欲を高める。
小学校中学年	(H3) 学校でのボランティア「持ってあげようか」	・手助けの必要性に気づいたら，まず声をかけて，助けの必要性を聞いてみることが大切であることを知る。 ・友だちに声をかけようとする意欲を高める。
小学校高学年	(H5) 学校でのボランティア「下級生のお世話」	・下級生の立場に立って世話をすることの意義を知る。 ・他者理解のスキルを使って相手のニーズや思いを知り，世話をしようとする意欲を高める。
中学校1年生	(H1) 学校でのボランティア「学校でのミニボラ？」	・学校行事で積極的に役割を果たすことが，ボランティアになることに気づく。 ・学校行事などでの具体的な活動内容を決定する。
中学校3年生	(H3) 学校でのボランティア「最高学年になって」	・上級生としてリーダーシップを発揮することは，ボランティアの要素があることに気づく。 ・具体的な場面を考え，決意表明をする。
小学校低学年	(H2) 家庭でのボランティア「わたしにできるしごと」	・家庭生活には多くの仕事があることを知る。 ・自分にできそうな仕事を考え，その中からひとつを選ぶ。 ・家族と相談して一定期間の取り組みを約束し，実施する。
小学校中学年	(H4) 家庭でのボランティア「わたしの役割」	・家の中の仕事とその分担を整理し，現状を知る。 ・自分ができる新しい仕事をひとつ考える。 ・家族と相談して一定期間の取り組みを約束し，実施する。
小学校高学年	(H6) 身の回りや地域でのボランティア「いろいろあるよ」	・学校でもできる小さなボランティアに気づく。 ・地域社会での行事や活動の中で小学生ができるボランティアがあることを知り，参加意欲を高める。
中学校2年生	(H2) 身の回りや地域でのボランティア「地域でのボランティア」	・地域行事の参加や近所の清掃活動なども，地域の振興や環境維持の面で地域でのボランティアであることに気づく。 ・地域のボランティア活動で，参加したい活動を決定する。

注：「ユニット」とは授業，「H1」はユニットの整理番号（小中で別々）を表す。表序-5，表序-6参照。

設定されている。このユニットについては，これがボランティアなのかと疑問に感じることがあるかもしれない。ここでは，身近な"人"だけでなく身近な"学習や体験の場"にも"周りの人の役に立つ"機会があることを知ることと，実際のボランティア行動の経験によって，それが自分の成長にもつながることを学んでほしいという願いが込められている。同学年や異学年という学年を問わず，学校生活の多くの場で，積極的に他の生徒とかかわり合い，互いに影響を与え合う体験は，その後の学校生活や社会生活に大きな意味をもつと考えられる。

小学高学年「いろいろあるよ」(H6)や中学2年生「地域でのボランティア」(H2)は，学校外の地域社会でのボランティアについての学習であり，地域社会との関係が希薄になりつつある地域では，機会をとらえてぜひ積極的な学びとしてほしい。

終章 社会性と情動の学習の活用に向けて

　本書ではこれまで，学校の教師が子どもや保護者そして同僚教職員とかかわる力としての社会的能力について説明し，簡単な演習課題などを示してきた。この能力は，文部科学省の教育職員養成審議会（1999）が示す教師に求められる資質能力にも，当然のことながら含まれている。
　再度，教師対象のSEL-8Tプログラムでは，8つの社会的能力とこれらを伸ばすための8つの学習領域が特徴であることについて触れるとともに，これを児童生徒用のSEL-8Sプログラムと関連づけて学んだり研修を受けたりすることのメリットを説明する。こうして，最終的に学級内での児童生徒の社会性と情動の能力の育成につながることを期待する。今後の改善に向けて，プログラム内容の充実と，大学の養成段階での授業方法や教師対象の研修の進め方の検討を行っていきたいと考える。

1 教師に求められる力

☐ 本書で注目した力

　一般に，学校の教師が子どもたちを前に教育活動ができるためには，①心身の健康，②子どもとかかわる力，そして③教科等を指導する力が必要である。本書では特に，②子どもとかかわる力を中心に，近年特に重要になっている保護者との連携や同僚教職員との協働ができる力を含めて，教師の社会的能力に注目してきた。
　文部科学省の教育職員養成審議会（1999）では，教師の資質能力を「専門的職業である『教職』に対する愛着，誇り，一体感に支えられた知識，技能の総体」としたうえで，専門職としての教師に求められる資質能力として，①いつの時代にも求められ

表終-1 今後特に教師に求められる具体的資質能力の例

○地球的視野に立って行動するための資質能力
・地球，国家，人間等に関する適切な理解
    例：地球観，国家観，人間観，個人と地球や国家の関係についての適切な理解，社会・集団における規範意識
・豊かな人間性
    例：人間尊重・人権尊重の精神，男女平等の精神，思いやりの心，ボランティア精神
・国際社会で必要とされる基本的資質能力
    例：考え方や立場の相違を受容し多様な価値観を尊重する態度，国際社会に貢献する態度，自国や地域の歴史・文化を理解し尊重する態度

○変化の時代を生きる社会人に求められる資質能力
・課題解決能力等にかかわるもの
    例：個性，感性，創造力，応用力，論理的思考力，課題解決能力，継続的な自己教育力
・人間関係にかかわるもの
    例：社会性，対人関係能力，コミュニケーション能力，ネットワーキング能力
・社会の変化に適応するための知識および技能
    例：自己表現能力（外国語のコミュニケーション能力を含む。），メディア・リテラシー，基礎的なコンピュータ活用能力

○教師の職務から必然的に求められる資質能力
・幼児・児童・生徒や教育のあり方に関する適切な理解
    例：幼児・児童・生徒観，教育観（国家における教育の役割についての理解を含む）
・教職に対する愛着，誇り，一体感
    例：教職に対する情熱・使命感，子どもに対する責任感や興味・関心
・教科指導，生徒指導等のための知識，技能および態度
    例：教職の意義や教師の役割に関する正確な知識，子どもの個性や課題解決能力を活かす能力，子どもを思いやり感情移入できること，カウンセリング・マインド，困難な事態をうまく処理できる能力，地域・家庭との円滑な関係を構築できる能力

出所：教育職員養成審議会（1999）より。

る資質能力，②今後特に求められる資質能力の2つに大別して示している。表終-1は，②の例を示したものだが，実に多様な資質能力があげられている。本書で注目した社会的能力は，表の区分でいうと「変化の時代を生きる社会人に求められる資質能力」の「人間関係にかかわるもの」や，「教師の職務から必然的に求められる資質能力」の「教科指導，生徒指導等のための知識，技能及び態度」に該当する資質能力である。

教師の資質能力

一般に資質というと，生得的に備わっている性質という意味が強い。誰にでも生まれながらにして得意なことと不得意なことがあるし，また，身長や体重をはじめ，同じような環境の中にいるのに人のさまざま特徴が，ある幅で釣り鐘型に近い形状で分

布することが多い[1]。こうしたことから，生まれながらの要因を仮定するのが妥当である。

それでは，資質能力といった場合にはどうなのか。先に見たように，教育職員養成審議会（1999）の中では，教師の資質能力を「……愛着，誇り……知識，技能の総体」としており，生得的な側面もあるであろうが，むしろ養成段階および教師経験をとおして獲得されていくものが前面に出ている。

2 教師の資質能力の基盤づくりとしてのSEL-8T

☐ 社会性と情動の能力からみた教師の資質能力

わが国で社会性と情動の能力への関心が高まる契機のひとつとなったのが，ダニエル・ゴールマンによる『EQ——こころの知能指数』という本である。その中では，大人になってからの人生の歩みに差を生じさせるのは，知能指数に代表されるような認知能力ではなく，社会性と情動の能力であるという主張が述べられている。ゴールマンは，この能力は"こころの知能指数"あるいは"感じる知性"と呼んでいる。彼は，学校や家庭での子どもへの教育以外に，結婚生活や職場，そして医療現場等での社会性と情動の能力の重要性も説いている。

本書では，特に教師に焦点を当て，学校等で子どもの教育にあたる専門職に必要な社会性と情動の能力について，その具体的な内容と向上のための手立ての一部を説明してきた。教師の実際の職務については，子ども対象の教育活動だけでなく，特に近年，保護者との連携の重要性や学校での同僚教職員との協働の必要性が高まっているため，それらの点にも留意して内容を構成した。まだまだ養成段階での具体的な教育方法や，若年教師の研修方法としては，実践と研究を重ねつつ改善が必要であるが，とにかく一定の貢献ができるのではないかと考えている。資質能力を後天的な経験をとおして高めていくことの重要性を考えると，さらにSEL-8Tプログラムの有効性を高めていきたいと願っている。

▶1 このように，グラフに示したときに，平均値の付近に左右対称に釣り鐘状に山型に分布したものを正規分布という。自然現象のほかに工業製品の設計値からの誤差などにも見られるもので，バラツキを表している。子どもの成績もこうした現象に従うと仮定されることから，相対評定の5段階評価の分け方は，正規分布の考え方に従っている。

8つの社会的能力と8つの学習領域

　SEL-8Tプログラムの特徴は，序章で説明したように社会的能力を5つの基礎的な社会的能力だけでなく，3つの応用的な社会的能力も含めて合計8つの能力を設定していること（表序-1）と，それらを具体的に8つの学習領域で身に付けられるような構成にしている点（表序-2）である。こうした能力区分と学習領域の設定によって，幅広い社会的能力を視野に入れ，かつプログラムの学習領域での漏れも少なくなるように工夫されている。

　小学校教師の場合は，ひとりでほとんどの教科等を指導するわけであり，同一の子ども集団と接する時間が長い。しかも，発達段階として教師の果たす役割が大きいため，ぜひとも社会性と情動の能力を高めて，子どもにとっての学びの基礎部分をしっかりと育ててもらいたい。

　教科担任制となる中学校や高等学校では，教師の教科の専門性が問われるが，SEL-8Tプログラムによる学びや研修は，そうした教科の専門性が発揮されるための基盤づくりの意味がある。こうした基盤がしっかりと形成されていない限り，教科の専門性は発揮されずに，教育活動の効果は低いものとなる。つまり，教科の専門性に関する知識や能力は高いのに，指導がうまく進まず，授業中に生徒の私語や学習に関係のない行動が増えてしまうような状況を招いてしまう。

　さらに，勤務している学校の校種にかかわらず，保護者との信頼関係を築けなかったり，また同僚教職員との関係性も良くないままであると，連携や協働が求められる昨今の学校現場では，十分な教育効果を得ることは難しい。ぜひ，本書で紹介したSEL-8Tプログラムの必要性を認識してもらえればと願っている。

児童生徒用のSEL-8Sと教師用のSEL-8Tの関係

　序章でこれらの2つの学習プログラムの関係について簡単に説明したが，子どもへの学習効果という観点からもう少し説明を加える。児童生徒用のSEL-8Sと教師用のSEL-8Tの構造は同じである。どちらも8つの社会的能力の育成を図ることを目的としたもので，プログラム自体はやはり同じくA〜Hの8つの学習領域で構成されている。

　図終-1に表したように，学級内には児童生徒と教師がいる。SEL-8Sプログラムは教師の指導によって児童生徒の社会的能力の育成を図るものであるが，もし教師自身の社会的能力が十分なレベルにない場合は，その教育効果はあまり期待できない。

終　章　社会性と情動の学習の活用に向けて

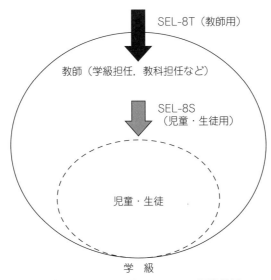

図終-1　SEL-8T と SEL-8S の相乗効果

これは教科等の学習指導でいえば，ちょうど自分が理解できていない学習内容を子どもに教えているのと同じ状況である。仮に学習指導案どおりに SEL-8S プログラムのユニットを指導したとしても，教師の社会的能力が不十分であれば，その後の子どもの日常生活の中でプログラムでの学びを活かすように促したり，また子どもが適切に実行できたときに賞賛や励ましを行ったりすることは難しい。この観点から，教師自身にも社会的能力が必要なのである。SEL-8T プログラムで教師自身の社会的能力の育成を図ることができれば，SEL-8S プログラムの教育効果を高めることができる。

養成段階での授業や教員研修実施上の利点

　児童生徒用の SEL-8S と教師用の SEL-8T の構造が同じであることの別の利点は，序章でも説明したように，両者を関連づけた場合の養成段階での授業や教師対象の研修の進めやすさである。例として，本書の第1章「あいさつ」を養成段階の90分授業で学ぶ場合の学習の流れを，表終-2に示した。前半が SEL-8S プログラムの体験と理解，そして後半が前半部分の学習を前提にしての SEL-8T プログラムの学びとなり，受講者自身のあいさつの仕方の向上をめざした学習となる。

　こうした学び方は，受講者自身の他者とのかかわり方（例：あいさつ）だけを扱う方法に比べ，心理的に抵抗が少ないと考えられる。なぜなら，SEL-8T だけであれば，受講者の社会的能力が十分なレベルにないための授業や研修であるという意味が前面に出てくるからである。

表終-2　養成段階での「あいさつ」をテーマとした学習過程例

> 導入
> 　1．ウォームアップを兼ねた小グループ分け
> 展開（パート1）
> 　2．中学1年生を想定しての「A1 どうぞよろしく*」の模擬授業体験
> 　　　・中学校1年生役として受講
> 　　　・内容は、入学直後の時期の自己紹介のやり方の学習
> 　3．この学習ユニットのねらいや、指導方法の要点の学習
> 展開（パート2）
> 　4．教師にとってのあいさつの意義や具体的スキルの学習
> 　　　・あいさつのポイントの意義の理解
> 　　　　（おかめ：「おおきな声，からだを起こす，目を見る」）
> 　　　・二言あいさつ（あいさつ＋もう一言）の学習
> 　　　・小グループでのロール・プレイング
> 　　　　（大学内の場面や就職後の学校での種々の相手や状況を想定して）
> まとめ
> 　5．新たな学びや感想，および日常生活での取り組みの意欲表明（提出）

注：＊「A1 どうぞよろしく」は，SEL-8S プログラムの中学生用「A 基本的生活習慣」学習領域の1つ目のユニットである。表序-6参照。

　また，児童生徒への指導法を学ぶことによって，自らの社会的能力に関心を向けやすくなり，その向上に務めようとする姿勢へのレディネス[2]をつくることにもつながると考えられる。事実これまでにも，SEL-8S プログラムの学習指導場面を参観した教師から，「大人にも必要なことだ」という感想が聞かれたり，授業担当者が「生徒に対しての自分の日常的なかかわり方について，考える機会になった」といった思いが語られたりする場面があった。こうしたことから，できればSEL-8SとSEL-8Tをセットにして実施するやり方が，時間の有効利用や学習・研修効果を高めることになると考えられる。

　自学で本書を読んだ読者も，できるだけ各章のコラムで紹介した児童生徒用のSEL-8S プログラムを実践してみることによって，SEL-8T プログラムの理解の促進につなげていただきたいと願っている。

今後の改善に向けて

　今後の課題は，プログラム内容の充実を図りつつ，大学の養成段階での授業方法や就職後の研修の進め方について，より効果性の高いものとなるように検討を進めることである。

▷2　**レディネス**　学習によって何かを習得したり獲得する際，そうした学習に必要な条件が整っている状態をいう。例として，わり算の学習でのかけ算九九や器械体操のための一定の筋力，また物事に挑戦する際の向上心などがあげられる。

総称としてのSELプログラムは，基本的に"気づき"と"コツ"の学習であるといえる。「そういったことが大切なのだ」「なるほど，こういうやり方はうまくいく」「自分はこのために，うまくできていなかった」といったことに気づき，適切な行動のための具体的なやり方や対処方法，すなわちスキルをコツとして身に付けていく学びである。教師のためのSEL-8Tでも，今後さらにA～Hの各学習領域で取り上げるべき事項や場面について検討し，場合によっては効率的な学びとなるように，取捨選択を含めて充実を図る必要がある。

　授業方法や研修方法については，自学の場合を含めて，まだ大いに改善の余地があると考えている。演習課題やワークショップでの課題等を工夫して，各学習領域での学習テーマの目的を確実に達成できるようにする必要がある。本書は，そのためのスタート地点にあたるといえよう。

引用・参考文献

教育職員審議会（1999）養成と採用・研修との連携の円滑化について（第3次答申）．
ゴールマン，D.（著）土屋京子（訳）（1998）EQ——こころの知能指数　講談社．

■ エクササイズ
解答編 ■

第1章

○エクササイズの回答例

【教師用】

　a．おはよう。ピアノの発表会は，どうだった？
　b．おはようございます。(修学旅行の) 引率ご苦労様でした。どうでしたか？
　c．ご苦労さまです。○○さんの担任の○○です。お手伝いいただいて，本当に助かります。
　d．こんにちは。私，この近くに住んでいるのですが，ここでお会いするのは初めてですね。よく来られるんですか？
　e．おはようございます。懇親会，とても楽しかったです。ありがとうございました。

【教職志望学生用】

　f．おはよう。この間の大会，どうだった？
　g．こんにちは。いつもありがとうございます。
　h．こんにちは。昨日は (ご指導) ありがとうございました。
　i．おはよう。おばあさん，お気の毒だったね。(疲れてない？)
　j．こんにちは。ご無沙汰しています。お元気ですか？

第5章

○エクササイズの回答例

【教師用】

②　次の状況で"私メッセージ"を用いて気持ちを伝えましょう。
　a．保護者参観の参加についてお返事がいただけていないのですが。
　b．順番待ちをしていたんです。後ろに並んでいただかないと困ります。
　c．○○君は掃除当番だよね。今は掃除時間です。掃除をしないなんて悲しいね。
　d．今日は何かあったのかな。朝に連絡がなかったので，心配していたよ。
　e．給食費の入金期限を過ぎているのですが，確認できておりません。

【教職志望学生用】

②　次の状況で"私メッセージ"を用いて気持ちを伝えましょう。
　f．以前，貸した授業のノートなんだけど，そろそろ必要になってきたんだ。
　g．先ほどからこちらの列でレジの順番を待っていました。(私は急いでいますので，順番をお譲りすることはできません。)
　h．しばらく前にハンバーガーを注文しましたが，注文はとおっていますか？
　i．私は30分待ったよ。待っている間，連絡がないから不安だったよ。

j．以前お願いした履歴書ですが，いかがでしたでしょうか。

■ 第6章

○エクササイズの回答例

【断り方】

① "断り方の3つのポイント"を用いて断ってみましょう。

　a．貴重な機会をいただいて，ありがたいのですが，今週は授業研究の準備でいっぱいなのでお引き受けできかねます。月末まで待っていただけるなら，お引き受けしたいと思います。

　b．ごめん。せっかく誘ってもらったのに，その日は空いてないんだ。おじいさんの法事があるんだよ。

　c．誘っていただいて，うれしいです。ただ，あいにくその日はすでに予定が入っているので，次の機会を楽しみにしたいと思います。

【頼み方】

② "頼み方のポイント"を用いて依頼しましょう。

　d．運動会の新しい競技づくりを担当しているのですが，○○さんのお知恵をおかしください。今のところ，このような競技を考えているのですが，その他の候補を2つほどご示唆いただけないでしょうか。

　e．○○先生，お願いがあります。今日の午後にPTAの役員会議のお世話をする予定だったのですが，A君がけがをしたので病院へ連れて行くことになりました。申し訳ありませんが，代わりにPTAのお世話をお願いできないでしょうか。

■ 第7章

○エクササイズの回答例

【A】

①△△中学校の□□（名前）

②昨日の時点で，まだ入金が確認できていないようです

③お忙しいと思いますが，よろしくお願いします

【B】

①△△小学校の□□（名前）

②校長

③ただいま出張で出かけております

④お名前をお聞きしてよろしいでしょうか

⑤ありがとうございます。校長が戻りましたら，△△小学校の□□教頭先生からお電話があったと伝えておきます

【C】
①○○中学校の△△（名前）
②お電話をありがとうございます。本校の生徒かどうか確認したいと思いますので，もう少しお話をうかがってもよろしいでしょうか
③そうですか。それはご迷惑なことだと思います。だいたい曜日とか時間帯が決まっていますでしょうか
④それは，かなり前からでしょうか
⑤本校の生徒かどうか確認して，もしうちの生徒が入っているようでしたら，生徒指導の担当者か学級担任から，塾が終わったらまっすぐに家に帰るように指導します。しばらくしてもまだ続くようでしたら，申し訳ありませんが，またご連絡ください

【D】
①お待たせしました。担任の△△です
②お電話をいただきありがとうございます
③ただ，書きにくいこともありますから，私もすぐに確認します。それで，具体的にどんないじめかを聞いておられたら，教えていただけませんか。相手とか，いつとか，どんないじめとかがわかると，確認しやすいですから

第8章

○エクササイズの回答例

【教師用】
　　a．このクラスの担任の○○です，よろしくね。君の名前は？
　　b．○○先生久しぶりですね。先生のクラスはどうですか？
　　c．こんにちは。担任の○○です。よく来てくださいました。えっと，お名前は？
　　d．おはようございます。何かお困りですか。
　　e．○○さん，こんにちは。いつもお世話になっております。

【教職志望学生用】
　　f．○○さん久しぶり。元気だった？
　　g．先輩，こんにちは。最近どうですか？
　　h．初めまして○○です。よろしく。わからないことがあれば何でも聞いてね。
　　i．先生，こんにちは。昨日のニュース見ましたか？
　　j．教育実習でお世話になる○○です。〜までの2週間，よろしくお願いいたします。子どもたちは運動場で遊んで，元気ですね。

エクササイズ　解答編

第9章

○エクササイズの回答例（宿題の提出率が低い）

●第1ステップ
　a．現状や問題の分析
　　　・他の学級（授業科目）と比べて宿題の提出率が低く，次の授業に差障りがある。
　　　　→　課題：子どもが宿題をきちんとやってくる必要がある。
　b．目標設定
　　　・これからの2週間で，宿題の提出率を9割以上にする。

●第2ステップ　解決策案出ステップ　＋　●第3ステップ　結果・長短所の予想ステップ

解決案	長　所	短　所
a．学年主任や他学級の教師に，有効な方法を尋ねる。	・何かよいやり方を教えてもらえるかもしれない。	・忙しそうで，質問しにくい。
b．教師向けの雑誌で，適した改善例を探す。	・悩んでいる教師は多いだろうから，よい例が見つかるかもしれない。	・本屋に行く時間が取れない。
c．何人かの子どもに，個別に宿題をしてこない理由を聞いてみる。	・個別に聞けば，本音が聞き出せるだろう。	・子どもによっては，嫌がるかもしれない。
d．学級全体で，改善方法について話し合わせる。	・自己決定にいたれば，動機づけは高まる。	・グループ対抗などにすると，逆に弊害がある。
e．子どもに，提出率が低い理由と改善策をアンケートで尋ねる。	・子ども1人ひとりの考えや意見を広く収集できる。	・子どもの間で問題意識の強弱があり，取り組みの姿勢に差が出る。
f．インターネットで，同じような悩みへの改善策を検索する。	・時間をかけずに，すぐに確認できる。	・発達段階や学級の雰囲気などについての条件が不明なことがある。
g．保護者に家庭でも指導を依頼する。	・学級懇談会と学級通信を利用できる。	・すべての保護者の協力を得ることは難しい。

●第4ステップ　解決策の決定と実行ステップ
　次の①の2つは並行して行い，②や③よりも効果的な取り組みがあれば，それに切り替える。
　　①a．学年主任や他学級の教師に，有効な方法を尋ねる。
　　　　　これまでの豊富な経験から，適した方法について示唆を得る。
　　　f．インターネットで，同じような悩みへの改善策を検索する。
　　　　　広く情報を収集して，いくつかの工夫点の概要を理解する。
　　②e．子どもに，提出率が低い理由と改善策をアンケートで尋ねる。
　　　　　現状では学習の進度が遅れたり，理解が深まらない恐れがあることを説明したうえでアンケートを実施し，問題意識をもたせる。
　　③d．学級全体で，（アンケート結果をもとに）改善方法について話し合わせる。
　　　　　自己評価の方法についても決めさせる。

（注）校種（小学校，中学校など）や学年によって解決案は異なる。上にあげたのは，小学校の高学年または中学生を想定したものであるが，g．の解決策は中学校2年生以上などでは該当しないかもしれない。

第10章

○エクササイズ回答例

① ここは、"こころの信号機"を適用して、無視したり、逆にムッとした態度を取らずにまずは深呼吸。そして例えば「あ、気づかなかった。そうだったね。ごめん。しっかり見てるね」と子どもの指摘を素直に受け入れ、謝るとともに、受容的に対応する。

② 単に本人の不注意のためと思いこまずに、家庭の状況なども視野に入れて、個人のニーズを把握する。また、SEL-8Sの小学校中学年「忘れ物」(A7)の学習が参考になる。

③ 話の内容が急を要しそうな場合は、手を止めてしっかりと聞く。そうでない場合は、「今、この連絡帳を見ないといけないから、あの時計が△分になったらまた来なさい」と具体的に説明する。

④ けがの危険性を説明するとともに、「教室内では、静かに歩こう！」と肯定的な言い方をする。

⑤ 個別の教育相談をとおして、なぜこうした行動を取るのか（個人のニーズ）を確認する。学習に興味がもてない、「どうせやってもだめ」とやる気を失っている（学習性無力感）、あるいは図示されるとわかるが説明だけでは理解が難しい（視覚優位）、家庭環境といった原因を検討し、わかる授業をめざす。また、ひとまず座席配置や机の並べ方を変えて、雰囲気を変えることも検討する。

⑥ 休み時間に用便をすます、授業開始後一定時間（次第に長くする）は学習の妨げにならないようにトイレには行かない、複数では行かないなどのルールを説明し、それをしっかりと守らせる。

⑦ "こころの信号機"を適用して冷静に対応するとともに、反抗的な態度の原因を探し本人のニーズを確認する。また、他の多くの子どもの学習が遅れたり疎かになったりしないように注意する。

⑧ 個別の教育相談をとおして、なぜこうした行動を取るのか（個人のニーズ）を確認する。学習に興味がもてない、「どうせやってもだめ」とやる気を失っている（学習性無力感）、あるいは図示されるとわかるが説明だけでは理解が難しい（視覚優位）、家庭環境といった原因を検討し、わかる授業をめざす。なお、中学生であれば、他の教科の様子についても確認する。

⑨ 本人の不注意と家庭状況の両面から検討し、そのニーズを把握する。

⑩ 個別の教育相談をとおして、なぜこうした行動を取るのかを確認する。学習に興味がもてない、「どうせやってもだめ」とやる気を失っている（学習性無力感）、あるいは図示されるとわかるが説明だけでは理解が難しい（視覚優位）、家庭環境といった原因を検討し、わかる授業をめざす。また、前学年あるいは入学時からの様

子についての情報収集が必要な場合もある。
⑪　見て見ぬふりをしないで,「鞄のきまりを覚えてる？」「ルールを守ろう」といった言葉をかけて,"かかわる"姿勢を示す。
⑫　それを無視せず,あるいは"こころの信号機"を適用してカッとならずに冷静に対応する。「返事をしてくれないと,何かあったのかと心配になる」と話し,「きちんと返事をしよう」と指導する。

■ 第11章

○エクササイズ回答例

【教師用】
①　深呼吸,音楽を聞く,お風呂につかる,アロマを焚く,ジョギングをする　など
②　a．うまくいった部分もある。次は頑張ろう。
　　b．もっと学年団でできたことがあったかもしれない。
　　c．こういうこともある。きちんと対応しよう。
③　a．職場の上司…○○部長,○○課長,○○先輩
　　b．職場の同僚…同期の○○さん,○○先輩
　　c．友人…大学時代の友人の○○さん,幼馴染の○○君
④　日本いのちの電話,各自治体の精神保健福祉センター,よりそいホットライン　など

【教職志望学生用】
①　深呼吸,音楽を聞く,お風呂につかる,アロマを焚く,ジョギングをする　など
②　a．気づいていないのかな。もう少し待とう。
　　b．グループ内での役割分担ができればよかった。
　　c．こんなこともある。もう遅れないように気をつけよう。
③　○○先輩,幼馴染の○○さん,○○先生
④　日本いのちの電話,各自治体の精神保健福祉センター,よりそいホットライン　など

■ 第12章

○エクササイズ解答

①　△：記号を羅列してあり,特定の個人を識別できないものは個人情報にはあたらない。ただし,学級名簿などでその個人を特定できる場合は個人情報となる。
②　△：個人情報は,生存する個人に関する情報なので,死者について一般に該当しない。ただし,例えば,生存する相続人などの情報を含んでいると個人情報になる。

③ ◯
④ ×：体質，体格，性別で異なるが，一定時間の睡眠では呼気のアルコールが一定量を超えて，酒気帯び運転となることがある。
⑤ ◯
⑥ ×：児童虐待には，暴言，無視，拒否的な態度などの心理的虐待が含まれる。その他，身体的虐待，性的虐待，ネグレクトがあり，全部で4種類ある。
⑦ ×：児童虐待に関しては，守秘義務違反にはならない。
⑧ ×：通報は匿名でもかまわない。
⑨ ×：これらは「危険ドラッグ」と呼ばれ，大麻や麻薬，覚せい剤などと同じ成分が含まれる，危険で違法な薬物である。
⑩ ×：これは，他の生徒に被害を及ぼすような暴力行為に対して，これを制止して目前の危険を回避するためにやむをえずとった行動であり，体罰にはあたらない。
⑪ ×：最初にしなければならないのは，負傷者の救護である。
⑫ △：もし，加害者側が治療費などについて交渉を行うのであれば問題はない。しかし，「軽傷なので心配しなくてよい」といったことの伝達であれば，加害者側の同意を得てからでなければ，被害者側に氏名や連絡先を伝えることはできない。

さくいん

■ あ 行 ■

あいさつ　17
アイデンティティー（自己同一性）　43
アセスメント　127
あなたメッセージ　70
怒り　3,71
いじめ防止法　153
イメージ・トレーニング　140
"イライラ猿"　145
飲酒運転　149
インターネットショッピング　36,40
鬱積型　151
うつ病　135,145
"ウメのかさ"　58,62
エゴグラム　45
援助行動　173,177
応用的な社会的能力　4,186
"おかめ"　22,27
オノマトペ　69
カウンセリング・マインド　106

■ か 行 ■

覚せい剤　150
学級の荒れ　124
学級崩壊　123
環境変化　159
関係開始スキル　101
聞く　126
基礎的な社会的能力　4,186
喫煙防止　157
"気づき"と"コツ"の学習　189
機能的自律　20
規範意識　149
基本感情　69
気持ちの伝え方　76

客体としての自己　43
共感　102
共感的理解　58,106
教師期待効果（ピグマリオン効果）　57
教師の子ども認知　103
教師の資質能力　183,184
教師のための8つの社会的能力育成をめざした社会性と情動の学習　3
教師のメンタルヘルス　135
筋弛緩訓練　140
金銭管理　30,33,40
クライシスマネジメント　117
クレジットカード　35,40
携帯電話（ケータイ，スマホ）　96
傾聴　106
　──スキル　58
原因帰属　56,105
言語的コミュニケーション　54,103,124
現実自己　49
合意反応　44
公的空間　152
公的生活　152
行動特性　127
光背効果→ハロー効果
公費の不適切使用　154
合法なドラッグ（ハーブ）　156
合理的な認知　72
"こころの信号機"　129,133,151
こころの知能指数　185
個人情報　152
個人のニーズ　127
固定電話　87
子どもの教師認知　103
断り方のポイント　79
"断るのは，こわかー"　85
コミュニケーションの文化差　102

199

"こわれて"　97
コンプライアンス　147

■　さ　行　■

サポート希求　118,145
サポート源　142,163
"シカのこま"　59,62
時間管理　29,31,32,39
自己開示　55,101
自己開示の返報性　55
自己概念　44
自己実現　41
自己同一性→アイデンティティ
自己のコントロール　5
自己への気づき　5
事実確認　60
自尊心　149
私的空間　152
私的時間　152
児童虐待　155
社会規範　147
社会性と情動の学習（Social and Emotional Learning）　2
社会性と情動の能力　185
社会的スキル　101
社会的能力　2
　　──の評価方法　10
社会的比較　47
酒気帯び運転　149
授業崩壊　124
主体としての自己　43
守秘義務　155
守備範囲　23,127
受容　70
小1プロブレム　124
情緒的サポート　78,104,118
情動　3
衝動買い　36
情動焦点型対処　162
情報的サポート　104,118
ジョハリの窓　44

深呼吸　140
人生の重要事態に対処する能力　6
スクール・コンプライアンス　147
ストレス　136
ストレス対処　161
ストレス反応　136,139
ストレスマネジメント　136
ストレッサー　136
スモールトーク　101
生活上の問題防止のスキル　6
責任ある意思決定　6
積極的・貢献的な奉仕活動　6
ソーシャル・サポート　78,104
ソーシャル・サポート・ネットワーク　78
ソーシャル・ネットワーキング・サービス→SNS

■　た　行　■

第一印象　57,100
対象化　47
対処方略　136
対人関係　5
対人距離　102
体罰　150
代弁　70
他者への気づき　5
中1ギャップ　169
電話　87
電話の受け方　91
電話のかけ方　89
道具的サポート　78,104,118
トラブル解決のポイント　122

■　な　行　■

認知的評価　136,139,145,162
認知特性　127
熱血型　151

■　は　行　■

パーソナリティ（人格）　43
パーソナルスペース　102

さくいん

"ハチのあき" 102,110,181
"ハリのワニ" 158
"ハリを（お）"頼む 80
ハロー効果（光背効果） 105
ピグマリオン効果→教師期待効果
非言語的コミュニケーション 20,22,54,
　102
非合意反応 44
非合理的な思い込み（イラショナルビリーフ） 151
非合理的な認知 67,139
評価的サポート 78,104,118
複雑感情 69
二言あいさつ 21,24
不登校 169
プリペイドカード 36,40
ホウ・レン・ソウ（報告・連絡・相談） 82,
　83
法化現象 148
ボランティア活動 171
ボランティア体験活動 172

■ ま 行 ■

見える化（視覚化） 114
"みっか，みてへん" 97
名刺交換 101
モード 89

モデリング 19
問題解決の4ステップ 112
問題焦点型対処 137,162

■ や・ら・わ行 ■

薬物乱用防止 157
野生児 18,68
欲求階層説 41
リスクマネジメント 117
理想自己 49
ローカス・スコア 44
ロール・レタリング 63
わいせつ行為 154
私メッセージ（Ｉメッセージ） 70,75,90,
　134

■ 欧　　文 ■

10カウント 140
20答法 44
CASEL 7
EQ 185
PDCA 118
SEL-8Sプログラム 7,186
SNS（ソーシャル・ネットワーキング・サービス） 153
To Doリスト 32

《著者紹介》担当章

小泉令三（こいずみ　れいぞう）はじめに，序章，第1章，第7章，第9章，第10章，第12章，第14章，終章

1955年生まれ。
公立小中学校教諭を経た後，兵庫教育大学大学院学校教育研究科修士課程および広島大学大学院教育学研究科博士課程前期修了。
現　在　福岡教育大学教職大学院教授。博士（心理学）。
主　著　『社会性と感情の教育――教育者のためのガイドライン39』（編訳，北大路書房，1999年）
　　　　『子どもの学校適応を促進しよう――新しい校内研修のためのテキスト』（共著，ブレーン出版，2007年）
　　　　『よくわかる生徒指導・キャリア教育』（編著，ミネルヴァ書房，2010年）
　　　　など。

山田洋平（やまだ　ようへい）第2章，第5章，第8章，第11章，第13章

1982年生まれ。
広島大学大学院教育学研究科博士課程後期修了。博士（心理学）。
主　著　『児童・生徒のための学校環境適応ガイドブック――学校適応の理論と実践』（共著，協同出版，2009年）
　　　　『よくわかる生徒指導・キャリア教育』（共著，ミネルヴァ書房，2010年）

大坪靖直（おおつぼ　やすなお）第3章，第4章，第6章

1961年生まれ。
広島大学大学院教育学研究科博士課程前期修了。
現　在　福岡教育大学教育心理学講座教授。
主　著　『子どもの学校適応を促進しよう――新しい校内研修のためのテキスト』（共著，ブレーン出版，2007年）
　　　　『キーワード教育心理学』（共著，北大路書房，2013年）

教師のための社会性と情動の学習（SEL-8T）
――人との豊かなかかわりを築く14のテーマ――

2017年5月20日　初版第1刷発行　　　〈検印省略〉

定価はカバーに表示しています

著　者　小泉令三
　　　　山田洋平
　　　　大坪靖直
発行者　杉田啓三
印刷者　田中雅博

発行所　株式会社　ミネルヴァ書房
607-8494　京都市山科区日ノ岡堤谷町1
電話代表　(075)581-5191
振替口座　01020-0-8076

©小泉・山田・大坪，2017　　創栄図書印刷・藤沢製本

ISBN978-4-623-08011-3
Printed in Japan

―――― 子どもの人間関係能力を育てる SEL-8S（全3巻） ――――

B5判美装カバー　各巻2400円

①社会性と情動の学習(SEL-8S)の導入と実践

小泉令三　著

②社会性と情動の学習(SEL-8S)の進め方　小学校編

小泉令三・山田洋平　著

③社会性と情動の学習(SEL-8S)の進め方　中学校編

小泉令三・山田洋平　著

子どもの問題行動や学校不適応など，学校が抱える現代的課題を解決に導く新たな心理教育プログラム「SEL-8S学習プログラム」についての日本で初めてのシリーズ。第1巻はプログラムの概要，導入・展開方法，評価方法，さらには具体的な実践例とその効果をまとめた基本書です。第2巻・第3巻は小中学校の校種ごとの指導案と学習プリントや教材等を豊富に掲載し，教育現場でそのまま活用していただける実践書です。

―――― ミネルヴァ書房 ――――

http://www.minervashobo.co.jp